Hermann Schmidt

Über die Abgrenzung der Mundarten im Kurkreise

Hermann Schmidt

Über die Abgrenzung der Mundarten im Kurkreise

ISBN/EAN: 9783743321151

Hergestellt in Europa, USA, Kanada, Australien, Japan

Cover: Foto ©ninafisch / pixelio.de

Manufactured and distributed by brebook publishing software (www.brebook.com)

Hermann Schmidt

Über die Abgrenzung der Mundarten im Kurkreise

Programm
des
Gymnasiums zu Wittenberg
Ostern 1862

womit

zu der öffentlichen Prüfung der Schüler

am 9. und 10. April Vormittags 9 Uhr

und

zur feierlichen Entlassung der Abiturienten

am 10. April Nachmittags 3 Uhr

ehrerbietigst und ergebenst

einladet

Dr. Hermann Schmidt,
Director des Gymnasiums.

Inhalt:
1. Ueber die Abgrenzung der Mundarten im Kurkreise. Vom Oberlehrer Stier.
2. Schulnachrichten von Ostern 1861 bis Ostern 1862. Vom Director.

Wittenberg, 1862.
Druck von Bernhart Heinrich Rübener.

Ueber die Abgrenzung der Mundarten im Kurkreise.

Wissenschaftliche Bildung ohne Kenntnis wenigstens Einer fremden Sprache gilt heutzutage als ein Unding, der Unterricht in fremden Sprachen ist daher ein wesentlicher Bestandtheil unsrer Erziehung geworden. Bei den Mädchen werden französische Sprachstunden als unerläßlich angesehen, denen sich in der Regel später englische zugesellen; die Knaben lernen Latein, um dieß entweder in den Realschulen später zur Erlernung neuerer Sprachen zu verwerthen, oder auf Gymnasien durch Hinzunahme des Griechischen die Erfordernisse zum Studium der alten Classiker zu gewinnen, auf welche in letzter Instanz nun einmal unsre heutige Bildung zurückgeht. Das Ideal, welches der Schule vorschwebt, ist dann die Fähigkeit, das Französische bez. Lateinische mündlich und schriftlich fehlerfrei zu handhaben, ins Griechische wenigstens aus andern Sprachen übertragen zu können — verbunden mit einiger Einsicht in die von der Litteraturgeschichte unzertrennliche geschichtliche Entwickelung der betreffenden Sprache. Welcher Abiturient eines Gymnasiums darf mit der Unterscheidung äolischer, dorischer, ionischer, attischer Mundart unbekannt sein? welcher für reif erklärte Realschüler mit dem Vorhandensein eines Gegensatzes zwischen langue d' oc und langue d' oïl?

Wie verhält sich nun aber mit der Kenntnis der eignen Muttersprache, auf deren gründliche Erlernung die Griechen all ihren Sprachunterricht zu beschränken pflegten, bei uns? Es gab eine Zeit, wo in Deutschland die deutsche Sprache vor dem Latein so verachtet wurde, daß es möglich war aus dem Munde von Schulrectoren den Satz zu hören: diese Sprache der Höckerweiber müsse man vor allem vergessen (Nägelsbachs Gymn. Päd. S. 81). Jene Zeit ist zum Glücke längst vorbei: wir halten heutzutage auf Uebertragungen aus fremden Sprachen in ein gutes Deutsch, ebenso sehr wegen der Uebung in diesem als in jenen; wir üben unsre Schüler in freien Arbeiten und lehren sie im niedern und im höhern Stile Nachahmer der großen Schriftsteller werden, welche unser Vaterland seit der Mitte des vorigen Jahrhunderts gehabt hat. Und weil die deutsche Bibel wenigstens uns Evangelischen geläufig sein soll, so haben unsre Schüler in der Sprache Luthers, auf welche unser jetziges Schriftdeutsch zurückgeht, schon darin einen Anhalt für Erfassung der geschichtlichen Entwickelung der Muttersprache. Aber man hat bereits angefangen, im Hinblick auf die reiche Blüthe unserer mittelalterlichen Litteratur noch weiter zurückzugreifen und die im 12. und 13. Jahrhundert in Süddeutschland geltende Schriftsprache, das Mittelhochdeutsche, bald mehr bald weniger ernstlich grammatisch zu lehren, um darauf eine Einführung in das Nibelungenlied und andre gleichzeitige Dichtungen bauen zu können. Mit vollem Rechte, so lange die beiden Sätze unwiderlegt geblieben, welche Rud. von Raumer in seiner Abhandlung über den Deutschen Unterricht ausspricht: 1) daß wir uns in einem widernatürlichen Zustande befinden, wenn unsre Wissenschaftlich-gebildeten zwar griechische und lateinische Dichtungen im Grundtexte lesen können, unsre eignen aber nicht; und 2) daß einige Einsicht in den Bau der eignen Muttersprache von denen wol verlangt werden kann, von welchen man eine ziemlich umfassende Kenntnis des Griechischen und Lateinischen mit Recht fordert.

Allein wir dürfen dabei schwerlich stehen bleiben. Der junge Grieche lernte, er mochte einem Stamme angehören welchem er wollte, jedenfalls ionische, dorische, äolische Dichtungen neben einander kennen und verstehen. Unsre deutschen Gymnasiasten wissen zwar auch ionische, dorische, attische Formen zu unterscheiden, und kennen ungefähr die geographische Vertheilung dieser Mundarten; man frage sie aber einmal nach den Unterschieden zwischen Hochdeutsch und

Plattdeutsch; nach den Merkmalen und geographischen Grenzen des letzteren — was gilts, die überwiegende Mehrzahl wird höchst verworrene unklare Antworten geben? Und nicht bei den Schülern allein sondern bei den meisten Gebildeten überhaupt ist dieß zu besorgen, ja es fehlt fast noch an den nothwendigsten Mitteln, aus denen die künftigen Lehrer sich selbst unterrichten könnten; denn die Erforschung unserer vaterländischen Mundarten ist bis jetzt trotz mancher löblichen Ansätze zum Theil noch eine unvollkommene gewesen, zum Theil nur den Fachgelehrten nicht der Schule überhaupt zu Gute gekommen.

Und doch ist die Kenntnis des Volksdialekts in mehrfacher Hinsicht wichtig. Einmal in **pädagogischer**. Das ursprüngliche Sprachgefühl fast jedes Kindes, welches in die Schule tritt, beruht mehr oder weniger auf der Mundart, und ein Rest der Erinnerung an dieselbe bleibt zu allen Zeiten, denn zu allen Zeiten hört der Schüler außerhalb der Schulzimmer neben der Schriftsprache auch die Volkssprache. Gleich in den untersten Classen nun führt der Unterricht mit einer nach den einzelnen Gauen verschiedenen Entschiedenheit die Schriftsprache ein; wobei freilich oft der Dialekt, statt nur zurückgedrängt zu werden, als falsch und verderbt bekämpft wird. Die andere Seite ist die **wissenschaftliche**. Nicht nur daß es eine Schande ist für einen Sprachforscher, wenn er die Dialektverhältnisse seines Vaterlandes nicht einmal in allgemeinen Umrissen kennt; sondern es kann auch unsre aus Dialekten erwachsene Schriftsprache ohne Kenntnis dieser (sowohl der früheren als namentlich der jetzigen) schlechterdings nicht vollständig erkannt werden. Viele verdunkelte und daher unabsichtlicher Mißhandlung ausgesetzte Wörter der Büchersprache erhalten ihr Licht aus dieser oder jener Mundart; während jene „von dem Boden, aus dem sie erwachsen, losgelöst gar zu leicht der Erstarrung oder willkürlicher Sprachbildnerei anheimfällt", erfrischt sie sich durch ein natürlich mit Vorsicht geübtes Zurückgehn auf die naturwüchsige lebende Sprache des Volkes. In welchem Grade diese Behauptungen wahr sind, läßt sich nicht so in der Kürze zeigen, zum Theil wird es übrigens aus den weiter unten gegebenen Mittheilungen erhellen. Niemand aber wird das gesagte so mißverstehen, als solle man sich nicht andrerseits aus vollem Herzen freuen über das weitere Vordringen und tiefere Hinabdringen unserer neuhochdeutschen Schriftsprache, für welches so viele fleißige Lehrer in unsern Dörfern täglich im Schweiße ihres Angesichts thätig sind. Sehr richtig (glaub' ich) drückt sich in diesen Beziehungen Jakob Grimm aus: „Zu Haus, unter den Seinen, redet der Mensch nachlässiger, aber behaglicher und vertrauter, als gegenüber andern und fremden oder selbst beim Niederschreiben seiner Gedanken. Das Verhältnis der Mundarten erscheint ebenso. Jede (Volks-)Mundart ist heimlich und sicher, aber auch unbeholfen und unedel, dem bequemen Hauskleid, in welchem nicht ausgegangen wird, ähnlich. Im Grunde sträubt sich die schämige Mundart wider das rauschende Papier; wird aber etwas in ihr aufgeschrieben, so kann es durch treuherzige Unschuld gefallen — große und ganze Wirkung vermag sie nie hervorzubringen". — „Nichts ist unverständiger als den Untergang des niederdeutschen Dialekts (Sprachzweiges) zu beklagen, der längst schon zur bloßen Mundart wieder herabgesunken war. Während sich alle hochdeutschen Stämme der höheren Schriftsprache beugen, wäre es ungerecht und unmöglich, der niedersächsischen Bevölkerung ein Anrecht auf Schriftsprache einzuräumen; Niedersachsen und Niederländer hätten in rechten Augenblicke zugleich eine niederdeutsche Gesammtsprache der hochdeutschen an die Seite setzen müssen. Es war jedoch besser daß es unterblieb" u. s. w. Dennoch sind in unserem Jahrhundert die Erzeugnisse mehrerer mundartlichen Dichter Zierden unsrer Literatur geworden, ich nenne nur die beiden Koryphäen, Klaus Groth für den Norden und Joh. Peter Hebel für den Südwesten. Und so aus diesen und andern Gründen die Dialekte nie verschwinden werden sondern sich nur mehr und mehr mit einander und mit verunstaltetem Hochdeutsch mischen: so wird das Verhältnis der Schriftsprache zur Volksmundart allezeit die Aufmerksamkeit des praktischen Lehrers wie der wissenschaftlichen Forschung in Anspruch nehmen.

Ist aber einmal der Werth deutscher Dialektforschung anerkannt, so kann auch die Frage, ob es **jetzt an der Zeit** sei, sie zu üben, nicht verneint werden. Allerdings ist schon vieles für gründliche Erforschung besonders des Südens von Schmeller, Stalder u. a. geschehen; wir haben eine recht übersichtliche „Sprachkarte von Deutschland", von Karl Bernhardi entworfen und mit angemessenen Erläuterungen begleitet, im letzten Jahrzehnt hat K. Weinhold durch sein Büchlein „über deutsche Dialektforschung", besonders über die schlesische Mundart, die Sache wieder angeregt und in die rechte Bahn zu leiten versucht, nachdem Firmenichs großartig angelegtes und langsam vollendetes Werk wegen mancher Mängel (namentlich des Mangels gleichartiger Lautbezeichnung) ohne rechten Erfolg geblieben zu sein scheint. Frommanns mit mehr Bedacht begonnene Zeitschrift „die deutschen Mundarten" ist leider wegen mangelnder

Betheiligung hoffentlich nur für eine Weile auf den Sand gerathen. Aber gerade der verhältnismäßig sehr vernachläßigte Norden Deutschlands erheischt am schneusten und eifrigsten das Studium seiner Mundarten — weil dieselben raschem Verderb, ja fast sicherem Absterben entgegen eilen. Danneil spricht sich in der Vorrede zu seinem verdienstvollen „Wörterbuche der altmärkisch-plattdeutschen Mundart" (1859) unter anderem folgendermaßen aus: „Bei dem Umsichgreifen des Neuhochdeutschen, das allmählich das Plattdeutsche auch aus dem alten Sachsenlande verdrängt, ist die Zeit nicht mehr fern, daß das Plattdeutsche als ausgestorben betrachtet werden kann. Mit jedem Jahre mehren sich die Schwierigkeiten, diesen Dialekt kennen zu lernen. Meine Jugend fiel in eine Zeit, wo der Bürger seinen jüngeren Nebenbürger, der von der Wanderschaft das Hochdeutsche mitbrachte und sich desselben bediente, einen affectirten Narren nannte, während jetzt in den Städten nur selten noch plattdeutsch gesprochen wird, und viele jüngere Landleute es schon übel vermerken, wenn ein Städter platt mit ihnen spricht" u. s. w.

Die Gründe solcher Erscheinungen sind zahlreich, keiner der letzten ist die preußische Heeresverfassung. Aber hier in der Wittenberger Gegend, wo die Städte fast auch schon dem Schicksale entgegengehen, gewissermaßen Vorstädte der allesverschlingenden Hauptstadt zu werden, tritt noch der stete Austausch hinzu, welcher in Bezug auf junge Handwerker und dienendes Personal zwischen Berlin und unsern Bezirken besteht — nicht zu reden von dem mit Fabrikwesen verbundenen Personenwechsel, von dem Zurücktreten des eingebornen Bauernstandes in manchen Dörfern überhaupt. Es dürfte darum auch hier gerathen sein, was man thun will bald zu thun; schon in zehn Jahren kann es in mancher Hinsicht zu spät sein. Zum Glück besitzen wir für den ehemaligen Kurkreis, der uns hier zunächst beschäftigen soll, seit zwei Jahren einen guten Anfang sprachlicher Forschung in dem Aufsatze des Hrn Diaconus Fr. Winter zu Schönebeck, „die Sprachgrenze zwischen Platt- und Mitteldeutsch im Süden von Jüterbog", abgedruckt in den neuen Mittheilungen des Thüringisch-sächsischen Vereins, Halle 1860, IX, 2, S. 1—21. Zwei damit verwandte Abhandlungen des nämlichen Hrn Verfassers, der durch seine Lebensführung ganz besonders zur Beurtheilung und Beantwortung der hier einschlagenden Fragen befähigt ist, haben mir durch die Güte desselben handschriftlich vorgelegen. Hinsichtlich der nicht von Hrn W. behandelten Orte habe ich mich (da der mit dem Landvolke nicht vertraute nur auf die Gefahr hin, stets gutgemeintes aber nicht selten misgeschaffenes Hochdeutsch zu hören, selbst nachforschen kann) an verschiedene, persönlich zum Theil unbekannte Männer, namentlich Lehrer und Geistliche, mit der Bitte um Mittheilungen gewendet und fast von allen mit der freundlichsten Bereitwilligkeit zugesandt erhalten, zum Theil auch durch frühere oder jetzige Schüler der obern Classen unsrer Anstalt Unterstützung erfahren. Natürlich sind nicht alle solche Quellen gleich zuverläßig, da nicht jeder Gabe und Gelegenheit hat, den Landleute zu belauschen, wie sie untereinander reden. Die ausführlichsten Angaben über ein einzelnes Dorf enthält ein (im Archive des hiesigen Vereins für Heimathkunde befindlicher) Aufsatz des Hrn Pasl. Thümmel aus Eutzsch, den ich ebenfalls bei vorliegender Arbeit benutzen durfte. Allen solchen Förderern derselben sage hiermit öffentlich meinen Dank, zunächst im Namen der Sache selbst, welche wie ich hoffe sich zu den schon vorhandenen Freunden noch so viele dazu erwerben wird, daß vorliegender Entwurf, dessen große Unvollkommenheiten zu Tage liegen, durch vereinte Bemühungen berichtigt, erweitert und wo möglich zu einem Ganzen ausgebaut werden kann [*]). Zu dem haben persönliche Verhältnisse es mir unmöglich gemacht, das bereits vorhandene so zu verarbeiten, wie ich ursprünglich gewünscht; ich gebe daher das Meiste in der Hauptsache so wie ich es empfangen, vorläufig ohne eingehende Kritik und wissenschaftliche Begründung — vielleicht um so geeigneter zur Verständigung mit etwaigen Mitforschern.

A. Die deutschen Mundarten im allgemeinen.

Die Grenzen Deutschlands fallen nicht mit den Grenzen der deutschen Sprache zusammen. Nach Bernhardis obenerwähnter Sprachkarte (2. Aufl. 1849) beginnt die Grenzlinie zwischen dem französischen Sprachgebiete und den deutschen (beziehungsweise niederländischen) Mundarten bei Grevelingen zwischen Dünkirchen und Calais in Frankreich, umschließt bis Armen-

---

[*]) Dergleichen Berichtigungen und Ergänzungen Sachkundiger, welche jederzeit willkommen sein werden, erbitte mir entweder direct oder durch den hiesigen „Verein für Heimathkunde des Kurkreises" (Vorsitz. Prof. Bensch, Schriftführer Dr Bentrup).

tieres den nördlichen Theil des Département du Nord, läuft dann in Belgien über Waterloo und Landen nördlich von Lüttich bis Eupen und fällt von da bis Longwy ungefähr mit der belgischen Ostgrenze zusammen. Von Frankreich weist sie dann wieder den nordöstlichen Theil Lothringens sowie das ganze Elsaß der deutschen Sprache zu; in der Schweiz bezeichnen etwa Solothurn, Freiburg, Ofteig (C. Bern) und Leuk (C. Wallis) — im Königr. Italien endlich Issime (südlich vom Monte Rosa) die weitere Grenze. Von hier geht die Linie, welche italienisch (romanisch) und deutsch scheidet, wieder nordöstlich über St. Gotthart, Chur, Martinsbruck (Engadingrenze), Salurn (Tirol) bis Pontafel in Kärnthen. Die hier beginnende Scheidung der deutschen Landessprache von den slavischen oder magyarischen Volksmundarten bis Sömerein an der Donau, dann vom Mährischen, Böhmischen, Polnischen und Litauischen ist vielfach schwierig und die Grenzen zerrissen, bis sie zwischen Schaken und Labiau am Kurischen Haff wiederum die Meeresküste trifft. — Hierbei ist im allgemeinen zu bemerken, daß durchweg nicht die oft zweifelhafte Mundart der Städte sondern die der Dörfer als entscheidend angesehn worden ist, sodann daß (auch in unserm Jahrhundert schon nachweisbar) die romanische Sprachgebiete in stetem Vorrücken begriffen sind, das Gebiet der deutschen Sprache aber durchschnittlich für jedes an die Franzosen oder Italiäner verlorene Dorf eins (oft zwei) von den slavischen Sprachen (besonders der polnischen in Posen und Westpreußen) in den vor der Völkerwanderung germanischen Gebieten zurückerobert. Daher einerseits die deutschen Sprachinseln in Graubünden, Italien, Illyrien und Ungarn, anderseits die wendischen und polnischen im Osten; nur in den russischen Ostseeprovinzen ist das Verhältnis wieder umgekehrt.

Die in diesen Grenzen enthaltenen Mundarten nun werden herkömmlich in süd-deutsche, mitteldeutsche, und norddeutsche eingetheilt, von denen die ersteren (oder oberdeutschen) wieder in die Alemannische, Schwäbische und Bairische zerfallen. Als Grenzorte können dabei im allgemeinen Hagenau, Rastatt, Heilbronn, Donauwörth und Regensburg angenommen werden. Was die Abgrenzung der mitteldeutschen von den (nord- oder) niederdeutschen Mundarten anlangt, so ist dieselbe nach Bernhardi etwa durch folgende Namen gegeben: Roermonde, Düsseldorf, Olpe, Berleburg, Münden, Duderstadt, Aschersleben, Barby, Luckau, Guben und Züllichau. Allein einerseits muß zugegeben werden, daß die mundartlichen Grenzen an vielen Orten noch nicht hinlänglich erforscht sind, anderseits daß fast überall südlich von der angegebenen Linie noch viele niederdeutsche Elemente sich finden, die Grenze also selbst bei genauer Bekanntnis oft recht schwer zu ziehen ist. Eine Bestätigung des Gesagten wird der nachfolgende Versuch bieten, die Grenzen zwischen niederdeutschen und mitteldeutschen Mundarten innerhalb des ehemaligen Kurkreises nachzuweisen — eine Untersuchung, zu deren näherem Verständnisse aber noch einiges über die charakteristischen Unterschiede der Niederdeutschen Mundarten und infolge dessen von der Schriftsprache vorauszuschicken sein wird. Daß hiebei eine (ohne Vollständigkeit doch nicht mögliche) rein wissenschaftliche Darlegung grundsätzlich vermieden wird, ist schon oben bemerkt.

Wollen wir die Stämme, welche in den ersten Zeiten nach der Völkerwanderung in Deutschland wohnten, summarisch bezeichnen: so nennen wir Friesen, Sachsen, Franken, Schwaben, Baiern — die beiden letztgenannten in Hoch- oder Oberdeutschland, die Friesen in Niederdeutschland, die Franken (darunter auch Hessen und Thüringer) in der Mitte. Unterscheiden wir sie aber nach der Sprache, wie uns diese vom 8. Jahrhundert an nach und nach entgegentritt: so bilden jene Völker nur zwei Hauptgruppen, die niederdeutsche, welche die Friesen und Sachsen, — und die hochdeutsche, welche mit den Schwaben und Baiern auch die Franken umfaßt. Während nämlich im großen und ganzen beide germanischen Sprachen gemeinsame Wörter in den Schmelzlauten (l, m, n, r) übereinzustimmen pflegen, zeigt sich in den sogenannten mutae (namentlich wo diese im Anlaute alleinstehn) ein wesentlicher Unterschied: das Friesisch-Sächsische stimmt nicht bloß mit den natürlich mit den Angelsächsischen (Englischen) sondern auch dem Gothischen und Skandinavischen meist überein, während die Mundarten der hochdeutschen Stämme vorherrschend an der Stelle jeder muta eine andre desselben Organes zeigen. Für die älteste Gestalt jener Sprachen ist das (von Rask entdeckte, von J. Grimm erweiterte) Schema folgendes:

Niederdeutsch	d	th	t	d		b	[ph] f	p	b		g	[ch] h	k	g
Hochdeutsch	d	z (ß)	t	d		b (v)	ph (f)	p	b		[g] h	ch	k	g

Also statt des altsächsischen that und mid sprach der Hochdeutsche daz und mit, dem altsächs. sprekan entsprach ein hochd. sprechen; goth. lkigon, angelf. apa, skolon, skob lautete hochd. lecken, affe, siben, vihe (Vieh) — ein Blick auf die Tabelle zeigt, warum man dieses Gesetz das der Lautverschiebung genannt hat. Die Abweichungen beruhen zum Theil darauf, daß (wie die neueren phonetischen Untersuchungen gezeigt haben) an Stelle der ursprünglichen Aspiraten in allen Sprachen allmählich bloße Spiranten getreten sind, was wir hier nicht weiter verfolgen.

Da nun aus der Sprache der alten (Friesen und) Sachsen die mit der Zeit auch auf die germanisirten Slaven übergegangenen (nord- oder) plattdeutschen Mundarten hervorgegangen sind, während sich die mittel- und oberdeutschen aus dem Fränkischen, Schwäbischen und Baitrischen entwickelten: so ist es klar, daß noch heutzutage zwischen plattdeutsch einerseits und mittel- nebst süddeutsch andrerseits ein ähnliches Lautverhältnis obwalten muß. Natürlich nur ein ähnliches, da erstens obiges Schema schon in den ältesten Zeiten seine Ausnahmen erlitt, zweitens aber sowol das Altsächsische als das Althochdeutsche sich im Laufe eines Jahrtausends ziemlich selbständig weiter entwickelte. Da z. B. das Niederdeutsche ebenso wie das Schwedische und (mit Ausnahme des Auslauts auch das) Dänische die Aspirate th in eine reine Spirans verwandelte, von welcher schließlich nur d (seltner t) übrig blieb: so ist für die Zungenlaute das Verhältnis heutzutage in der Hauptsache folgendes:

Niederd. d entspricht, wenn es schon altsächs. vorhanden war, hochdeutschem t (th);
  „   „   „   wenn es aus altsächs. th entstanden ist,   „   d;
  „   t   „   in allen echtdeutschen Wörtern   „   z oder ß,
wofür unsere jetzige Orthographie nach kurzen Vocalen ff und im Auslaute bisweilen bloßes s schreibt. T und d wird genau unterschieden, nur daß letzteres im Auslaute schärfer klingt (welchen Laut ich durch cursives *d* auszeichnen will), natürlich aber wird von hochdeutsch sprechenden Norddeutschen häufig die Weichheit des mundartlichen d auf das t der entsprechenden hochdeutschen Wörter übertragen. Für die Lippenlaute ferner gilt folgendes:

Niederd. p entspricht im Anlaute   hochdeutschem pf,
  „   „   im In- und Auslaute   „   f und pf,
  „   f   „   im Anlaute   „   f,
  „   v   „   im In- oder Auslaute   „   b,
  „   b   „   in der Regel   „   b.

Noch einfacher gestaltet sich das Schema für die Gaumenlaute:
Niederd. k entspricht im Anlaute   hochdeutschem k,
  „   „   im In- und Auslaute   „   ch,
  „   g (gh, j) entspricht in der Regel   „   g.

Die noch übrigen Spiranten j, w, h, s bleiben in der Regel, ebenso (wie schon bemerkt) die liquidae l, m, n, r.

Die Vocale gehn am meisten auseinander und lassen sich nur zum Theil unter feste Regeln bringen; am deutlichsten ist dieß noch bei den schriftdeutschen Diphthongen ei und au. Diese entsprechen nehmlich bald früherem oder mittelhochdeutschen (althochdeutschem) î und û, bald früherem ei und ou, und schreiben sich danach auch im Niederdeutschen. Als Paradigmen mögen dienen 1. Haus, 2. Baum; 3. Schwein, 4. Bein = mittelhochd. hûs, boum; swîn, bein = niederd. hûs, bôm; swîn, bein. (Auf die Abweichungen einzelner westfälischer, pommerscher u. a. Mundarten gehe ich hier nicht weiter ein). Der Fall unter Nr 4. wird von uns bisweilen durch ai ausgezeichnet, z. B. Weife, Waife = mittelhochd. wîse, weise = niederd. wîse, wêse.

Hiebei ist jedoch ein für allemal vor der Verwechslung des Begriffes hoch- oder oberdeutsch mit schriftdeutsch zu warnen. Unsre Schriftsprache ruht allerdings größtentheils auf den hochdeutschen Formen; daß sie aber neben solchen sie und da auch niederdeutsche Wörter aufgenommen hat, ist aus den eben gegebenen Lautverhältnissen ersichtlich. Man vergleiche z. B. Brod, Odem, Hafer, Huste, Hühner, (Buch-) Eckern, backen, Lehm, Stendal, Niebuhr — mit: Brot, Athem, Haber, Hustgericht, Hübner, Eicheln, Bachofen, Leimen, Steinthal, Neubauer u. a.

B. Die Mundarten des ehemaligen Kurkreises.

Nachdem obiges vorangeschickt, können wir uns sofort der Musterung einiger Sprachproben aus den Dörfern des Kurkreises, dessen Grenzen aus beifolgendem Kärtchen sich ergeben, zuwenden; und zwar wird es am besten sein, von Osten beginnend, zuerst den nördlichen unzweifelhaft niederdeutschen Theil zu betrachten, dann die den Uebergang durch gemischten Dialekt charakterisierende Mitte, endlich die südliche Hälfte, deren Mundarten der niederdeutsche Charakter in nicht unwesentlichen Punkten ganz abgeht.

1. Der Flämig.

Auf jeder guten Specialkarte der in Rede stehenden Gegenden findet man zwischen Riemeck und Dahme einen allerdings nicht bedeutenden Höhenzug mit dem Namen des „Hohen und Niedern Flemming" bezeichnet, wozu die geographischen Handbücher zu bemerken pflegen, daß er den Namen von den um 1133 bis 1156 eingewanderten Flämingern oder Flamändern erhalten habe. Es ist Werse des Verdienst (über die niederl. Colonien u. f. f. Hannover 1816) nachgewiesen zu haben, daß eine Colonisation durch Flandrer und Holländer nur für zwei Stellen an der Elster bei Herzberg und am Anzerbach bei Jüterbog geschichtlich nachweisbar ist; im übrigen ist seine ausführliche Kritik gegen die Existenz eines hohen und niedern Flemming (II, 637—853) aus Unkenntnis der Thatsachen höchst unkritisch. Heutzutage gilt der Name. den Bewohnern wie den Grenznachbarn zunächst als ein geographischer, in Bezug auf Volkssitte und Dialekt allerdings auch als ethnographischer Begriff. Indem ich im Allgemeinen auf die Aufsätze von Taschenberg (Körner, Unser Vaterland I, 304) u. a. verweise, halte ich es doch für angemessen, aus der oben angeführten Abhandlung von Fr. Winter folgende Charakteristik hier mitzutheilen. „Dreierlei" sagt er „ist es, was dem Flämich (denn so spricht der Eingeborne den Namen aus) sein eigenthümliches Gepräge gibt: der Mangel an Wasser, Wiesenflächen und Bewaldung. Das Trinkwasser wird aus Brunnen von beträchtlicher Tiefe (bis über 50 Ellen) heraufgewunden; es gab darum wegen der Schwierigkeiten, die mit der Anlage eines solchen verknüpft waren, bis vor kurzem fast in jedem Dorfe nur Einen Brunnen. Für den übrigen Bedarf befindet sich darin ein umfangreicher Teich (dîk, puol) und ebenso mehrere kleine auf dem Felde, die in den Senkungen der Landschaft (den sogenannten Wasserläufen, woaterlöp) gelegen durch das Thauwasser des Frühjahrs gespeist werden." — Als nördlichste Ortschaften des Flämichs wird man folgende bezeichnen dürfen: Schenkendorf (30° 8′ östl. L. 51° 57′ n. Br.), Damsdorf, Petkus (gesprochen Peckitz), Schlenzer, H. Görsdorf, Bochow (Boche), Rohrbeck, Dennewitz, N. Görsdorf (Jüsdürp), Dalichow (Düllche), Danna, Feldheim (Felten), Schnögelsdorf (Schmäjelsdürp), Zeuden (Zlden), Zickdorf, Garrau (Grele); als die südlichen Grenzorte dagegen Lobbese (Löäse), Wergzahna, Rahnsdorf, Zalmsdorf, Möllnitz, Morrdorf, Zellendorf, Körbitz, Welsickendorf, Reinsdorf, Seefeld, Ihlow, Meblsdorf, Kemlitz und Falkenberg. Hiebei ist zu bemerken, daß die angegebenen Grenzen nur vom sprachlichen Gesichtspunkte aus streng genommen werden dürfen. Geht man von der Beurtheilung der Flur aus, so gilt z. B. von Zahna nordöstlich Klebitz als das erste Flämigsdorf; jedoch heißt es von Zahna, es habe schon etwas Flämigsacker, so daß der Fl. eigentlich schon zwischen Z. und Kl. beginne und zwar am sogenannten „Dornenstrauche". Die Fließe bei Rahnsdorf und Wergzahna werden zu ihnen als „halben Sanddörfern" gerechnet — und was der örtlichen Unterscheidungen mehr sind.

Was nun die Sprache selbst anlangt, so beziehen sich die mir vorliegenden Proben theils auf Klebitz oder Eckmannsdorf, theils auf die dem Dorfe Stolzenhain (dem Geburtsorte Hrn Winters) benachbarten Ortschaften Körbitz und Welsickendorf, und möchte wohl gut sein, zunächst ohne Rücksicht auf die feineren Unterscheidungen vorzugsweise das der ganzen Landschaft eigenthümliche ins Auge zu fassen. Beginnen wir wiederum mit den drei Classen der mutae, denen die betreffenden Spiranten gleich angeschlossen werden sollen.

a. Zungenlaute.

1. Fläm. t = hochd. z (B.:

fläm.	tuo, te	teken	tîd	tertellen	tûn	tîelschîen	telen	dertschen	tange	tacken
altsächs.	tô, te	tëcan	tîd	tellian	tûn	agf. tigel			as. tunge (tûng)	--
mhochd.	zuo, ze	zeichen	zît	erzellen	zûn	ziegel	zëhen	u. zwischen	zange	zecke
neuhochd.	zu	Zeichen	Zeit	erzählen	Zaun	Ziegel	Zehen	dazwischen	Zange	Zacken

fläm.	zicke	zwâe, zweî	zwara	scherte	planten	sitten	schnûte (schulêîe)	holt
altf. u. a.	ticcen	tuê	altmärk. twârn	scëort	plantjan	sittjan	--	holt
mhochd.	zicke, zîge	zwei	zwirn	schurz	pflanzen	sitzen	snûze	holz
neuhochd.	Ziege	zwei	Zwirn	Schürze	pflanzen	sitzen	Schnauze	Holz

flām.	soalt	schwart	schulte	wëte (wëze)	krize	dannen	janß	et ('t)	dat (det)
altſächſ.	salt	suart	holl. schout	huëll	crûci	—	(hêl)	it, hit	that, thet, thit
mhochd.	salz	swarz	schultheize	weize	crinze	tanzen	ganz	ez	daz (ditze)
neuhochd.	Salz	schwarz	Schulze	Waizen	Kreuz	tanzen	ganz	es	das (dieß)
flām.	ût (rût)	ëten (äeten)	hët	schtrûste	jrôt	soaten	frûeten (fräten)	schmîten
altſächſ.	ût	ëtan	hët	strâta	grôt	sâtian	fretan	smîtan
mhochd.	ûz	ezzen	heiz	strâze	grôz	vazzen	verezzen	smizen
neuhochd.	aus, heraus	essen	heiß	Straße	groß	fassen	fressen	schmeißen
flām.	wët (wëſs)	wåten (wëten, wëſten)	nåte	wiß u. wit	wasser u.	wôster	erbißen
altſ. u. ſ. ſ.	wët	witan	-(agſ. hnut)	huit	watar	erwet
mhochd.	weiz	wizzen	nûzze	wiz	wazzer	erbiz
neuhochd.	ich weiß	wissen	Nüsse	weiß	Wasser	Erbsen
flām.	essick	mint	hôet feld	alles
altſ. u. ſ. ſ.	(ekid)	—	—	—
mhochd.	ezzich	mines	—ez—	allez
neuhochd.	Effig	meins	—es—	alles.

2. **Flām. d = hochd. t** (oder, was dasselbe ist, th):

flām.	dël	dûbe (dûe)	dâre	düel (dūt)	dochtere	ddeu	dîrde	drinken	dôd
altſ. u. ſ. ſ.	del	dûbba	dor	(deiguil)	dohtar	dugen	n. dyrd	.drinkan dôd, dêad
mhochd.	teil	tûbe	tûr	tegele, tigel	tohter	tügen	tiurde	trinken	tôt
neuhochd.	Theil	Taube	Thür	Tiegel	Tochter	taugen	Theurung	trinken	tot
flām.	liede	hiëden	liëden	liëde (lide)	achëdel	hodde	schuldern
altſ. u. ſ. ſ.	holl. tijdig	hëdan, hydan	hlydan	lëode	(scâdan)	baſūha	gescylder
mhochd.	ziter	hûeten	liuten, lûten	liute	scheitel	heie	schultern
neuhochd.	zeitig	hûten	läuten	Leute	Scheitel	hatte	Schultern
flām.	silidest	wolle	old brûd	med (met)	foader	muoder	biede	putter
altſ. u ſ. ſ.	(scolda, skyldi)	(wolda)	old brûd	med (mit)	fâder	môdor	hludu (butere)
mhochd.	soldest	wolte (wolde)	alt brut	mit	vater	muoter	biutu	butter
neuhochd.	solltest	wollte	alt Braut	mit	Vater	Mutter	heute	Butter.

3. **Flām. d = altſächſ. th (dh) hochd. d:**

flām.	dreT	tack	bëde	wedder	bodden	feld	pärd plur. päre
altſ. u. ſ. ſ.	ihri thak	schweb. tak	bëdhia	widhar	bodam (bodm)	feld	(pererd?)
mhochd.	dri	dach	beide	wider	bodem	velt	pfaerit
neuhochd.	drei	Dach	beide	wieder	Boden	Feld	Pferd Pferde.

Diesen letzteren reihen sich an: balle, jewûrm; jefungen, hänge, linge, ungescheid, klagerîken, kênder, stênder (neben stëne), lūader, kelder, mälker = hochd. bald, geworden; gefunden, Hände, Linde, Unterschied (altſ. undar-skêdh), Kinderken; leiner, Steine, Hühner, Keller (agſ. cellera, dān. kjälder), Müller.

Suchen wir einen Ueberblick über das gegebene, so haben wir in 18 Wörtern, welche hochd. z haben, das niederd. t noch unangefochten an seiner Stelle gefunden, von 7 andern haben 4 ebenfalls z wie im hochdeutschen, zwei haben (nach n) ß, bei einem fängt das z an einzubringen. Allein jene zwei sind überhaupt niemals niederdeutsch gewesen sondern aus den hochdeutschen auch in andre germanische Sprachen erster Lautstufe übergegangen (schwed. ganska, dansa, schon altbochd. dansôu). Von den oben genannten 4 ist eines ein lateinisches Fremdwort (crux), welches schon altſächſ. z (aus ci) hatte; ein zweites (echtgermanisches) scheint in Niederdeutschland nie heimisch gewesen zu sein, daher zwar angelſ. ticcen, aber auch altmärk. zig', zick, und ist daher ebenfalls als ein aus dem Hochd. ins Niederd. übergegangenes (insofern auch ein Fremdwort) anzusehen. Auffallend bleibt schließlich nur zwûe und zwarn für twê und twern, beide niederdeutschen Numeralflamme angehörig. Indeß ist wol grade bei den Zahlwörtern am ehesten ein Eindringen der hochdeutschen Lautstufe erklärlich, zumal bei der jetzigen Generation, welcher der Rechenunterricht nie anders als in schriftdeutscher Sprache ertheilt worden ist.*) Auch

*) Die Form zwarn ist übrigens geſichert durch das Volksverschen, welches das Schwalbengezwitscher darstellen soll „wite wate, wite wate, will miene hoosen flicken, hâe këuen zwarn."

in der Uckermark erinnere ich mich stets zwanzlich, nie zwentlich gehört zu haben. — Was dann das erweichte z (ß, ss, s) betrifft, so weist unsre Liste in 14 Fällen noch unangefochtnes t nach, in 4 Fällen beginnt s oder ss daneben einzudringen, zwei Wörter (erbißen, efsick) müssen wiederum als hochd. Lehnwörter gelten — auffallend bleibt sonach nur, daß das theoretisch geforderte allet für alles nicht vorkommen soll. Vielleicht sind unsre Quellen hier nicht vollständig, vgl. sonst Grimm Gesch. D. Spr. II, 650.

Schwieriger ist das Verhältnis von d und t festzustellen. Im allgemeinen bewährt sich in den gegebenen Beispielen die Hauptregel, namentlich im Anlaute — eine Umkehrung der Regel ist seltsamerweise für tack bezeugt, wo holl. dak, aber schwed. auch t. Auch im Inlaute sowol nach Vocalen als nach l und n herrscht d vor, doch finde ich t (d) angegeben für das zu erwartende d in voater, hlete, putter u. a. Der Auslaut verwischt nach dem bekannten Gesetze, daß die media hier zur tenuis wird, den Unterschied ganz; charakteristisch ist daher tiede neben tit (tld). — Infolge seiner Weichheit ist endlich d theils dem Verluste ausgesetzt, theils wird es unorganisch eingeschoben, letzteres besonders nach n, auch wol nach l — beides wie im Dänischen, wo es aber jetzt wenigstens nicht gesprochen zu werden pflegt. Einfache Ausstoßung findet statt nach r, Affimilierung nach l, Nasalierung nach n (ng für nd).

b. Lippenlaute.

1. Fläm. p = hochd. f. (Jn- und Auslaut):

fläm.	feld	fei	sûpen	fripen	ruopen	hûp (hûpen)	kêpen	sêpe
altf. u. f. f.	feld, folda	fihu, fêhu	sûpan	grîpan	hrôpan	hôp	côpôn, cypan	sâpe
mhochd.	velt	vihe	sûfen	grîfen	ruofen	hûfe		koufen seife
neuhochd.	Feld	Vieh	saufen	greifen	rufen	Haufe		kaufen Seife

fläm.	lôf, lôpen	schlpen	klêpel	schlêpel up,	drup	dûrp	schoap	rîp	diep
altf. u. ff.	hlyp, hlêapan	holl. slijpen	lepill	—	up, ûp, uppa	thorp	scâp	rîpi	diop
mhochd.	loufen		slifen	leffel	scheffel ûf,	drûf	dorf	schâf	rîf	tief
neuhochd.	Lauf, —en	schleifen	Löffel	Scheffel auf,	drauf	Dorf	Schaf	reif	tief

fläm.		ôben	schibbel	habber
altf. u. f. f.	holl. oven	stevel	hafri, havoro
mhochd.	oven	stival	habere
neuhochd.	Ofen	Stiefel	Hafer, Haber.

2. Fläm. p = hochd. pf im An-, In- und Auslaute:

fläm.	pêper	planten	plûme	plûg—plîen	pârd pl. pîre	Pingsten
altf. holl. u. f. w.	peper	plantjan	plûme	plôgr, ploeg	pêrt, paard	pinkste(re)n
mhochd.	pfeffer	pflanzen	pflûme	—	pfaerit	pfingeste
neuhochd.	Pfeffer	pflanzen	Pflaume	Pflug—pflügen	Pferd	Pfingsten.

Diesen schließen sich an posl, puol (pûl), hoffpôrte, proppen, scheppen, schtrimpe, kopp, knôp pl. knêpe = hochd. Pfahl, Pfuhl, Hofpforte, Pfropfen, schöpfen (angelf. scapan zu vergl.), Strümpfe, Kopf (hôll. kop), Knopf (nord. knappr, holl. knoop) pl. Knöpfe.

3. Fläm. b im An- und Inlaute, f im Auslaute = hochd. b:

fläm.	d'bûre (pl.)	bûen ob. bouen	puter driben hâsjebbel	abber ebber	habber
altf. u. f. f.	(boer)	bûan, byran	butere dribhan (gibla)	—	obher, ŷhr havoro, hafri
mhochd.	gebûre, bûwære	bûwen	butter triben gebel, gibel aver, aber	über	habere
neuhochd.	Bauern	bauen	Butter treiben Giebel aber	über	Haber

fläm.	dûbe (dûe)	dôf	kalf pl. kälwer	korf	lôf	sef	Jettilef	rôf (rôb)	jâl
altf. u. f. f.	dûbba (dûfa)	dôf	calf	h. korf	lôbh (lôf)	h. zeef (god-lâf)	rôf (rôbh)	geolo
mhochd.	tûbe	toup	kalp	korp	loup	sip	Gotliep	roup	gel (gelw-)
neuhochd.	Taube	taub	Kalb	Korb	Laub	Sieb	Gottlieb	Raub	gelb

Daher denn die Verbalflexionen blîben (blîeben) — blêf — jeblîeben ob. jeblîn; schrîben (schrueben) — schrôf — jeschrôâben ob. jeschrûbet; jêân — jaf — jeßen — jäll ob. jalt; schterwen — he schturf; schrîwen ob. schrîben — schreef — schrewwen, für hochd. bleiben (agl. belîfan = altf. blîfban?) — blieb — geblieben; schrauben — schrob — geschroben; geben (agf. gifan) — gab (gêaf) — gegeben; sterben (altf. gebadh); sterben — er starb; schreiben — schrieb — schrieben.

Wie oben niederb. t für hochd. z oder ß, so ist also hier nbd. p für hochd. pf, f und f ein Hauptmerkmal, doch mit mehr Einschränkung. Im Anlaut bieten die Beispiele durchweg p für pf, im Auslaute entspricht sowol pf als f gleichmäßig niederdeutschem p — nur für lōp soll das halbniederdeutsche lōf schon üblich zu werden anfangen. Auch für pf und ff im Inlaut ist nhd. p regulär, für einfaches f wenigstens vorherschend. Nur Ofen flåm. oben (ōwen, ōm?) und Stiefel fl. schtiwwel scheinen ausgenommen — Formen die keineswegs auf den flåmick beschränkt sind; über Hafer = Haber ist oben geredet worden. — Für b gilt die Regel, daß demselben im Anlaut, mit Ausnahme der seltsamen Form pulter (eben ein Fremdwort) stets flåm. b entspricht, im Auslaute f: als Ausnahme wird das allmählich sich eindrängende rōb neben rōf bemerkt — wenn dieß Wort überhaupt dem gemeinen Manne geläufig ist. Im Inlaute bleibt es eine weiche, sicherlich dem w sich nähernde media (kâl'wer, bilwen), bisweilen nach kurzem Vokale verdoppelt (üwwer = ebber), nach langem B. ausgestoßen (jéän, düe), auch wol nachfolgendem t assimiliert wie in jätt. Das Fehlen in jäi ist früh sprachlich begründet, daher noch in unserem Kinderverse „Safran macht den Kuchen gehl" im Reim auf Mehl.

c. Gaumenlaute.

1. **Flåm. k im Anlaut = hochd. k, im In- und Auslaute vorherschend = hochd. ch:**

flåm.	kinne	balke	brëaken	schpreaken	moaken	brōken	rōken	ēke	siēken
altf. u. f. f.	kinne, cinnē	balco	brēcan	sprēcan	macian	brūcan	rōc—	eik, āc	sōkian
mhochd.	kinne	balke	brechen	sprechen	machen	brüchen	rouchen	eich	suochen
neuhochd.	Kinn	Balken brechen		sprechen	machen brauchen rauchen			Eiche	suchen
flåm.	māken	flicke	rickenschirau	buēke	buok	būk	melk	duēk	schtrūk	lock
altf. u. f. f.	—	(vlugge)	ryge—		buoc, bōc	bāc	mēolc	h. doek	—	locu
mhochd.	(magetin)	vluc	rokke, rogge	būch	buoch	būch	milich	tuoch	strūch	loch
neuhochd.	Mädchen	flügge	Roggenstroh	Buche	Buch	Bauch	Milch	Tuch	Strauch	Loch
flåm.		ick	mīle (mick?)	dīe?	sick (sich)	jou, jau	nich	na	knecht	napper (nobber),
altf. u. f f.		ic	mīc, mī, mē	thik, thē	sik	ēōv (you)	(niet)	noch	cniht	nābūr (nachbor
mhochd.		ich, īh	mich	dich	sich	iu, īuch	niht	noch	kneht	nāhgebūre
neuhochd.		ich	mich	dich	sich	euch	nicht noch		Knecht	Nachbar.

2. **Flåm. g (gh, j, ch) = hochd. g, mit mancherlei Ausnahmen und Erweiterungen:**

flåm.		Jarne	jäghne u. jāne		jrōt	kīken	klocke
altf. u. a.	geban	gyrn	mf. legen, agf. gegn, glean	grōi, greāt	(cēace)	clucge
mhochd.	geben	garn	gegen (geln—gēn)	grōz	—	glocke, klocke
neuhochd.	geben	Garn	gegen	groß	guçken	Glocke
flåm.	brügghe	rügghe	brengen	jocchen	lustich	wech	lach
altf. u. a.	bregge, brycg	bryggja	bringan, brengian	(buntian)	(lustlic)	wěg	lāg
mhochd.	brücke	rücke	bringen	jagen	lustic	wec	lag
neuhochd.	Brücke	Rücken	bringen	jagen	lustig	weg	lag
flåm.	mach — mōen (māen)	behen (bāen)	d'ōen	droan	wōane	mōaen
altf. u. a.	mag — mugun	buggen	(flēoga)	dragan	raegn, raen	maga
mhochd.	mac — mügen	biegen, bougen	vliegen	tragen	wagen	mage
aruhochd.	mag — mögen	beugen	die Fliegen	tragen	Wagen	Magen
flåm.	seien — seite	fīe (feīe)	schpäel	fīel	küle	
altf. u. a.	seggian — sagde	(faeg)	boll. spiegel	(vlegel)	mb. küle	
mhochd.	sagen — seite	(veige)	spiegel	vlegele	kugele	
neuhochd.	fagen — fagte	feige	Spiegel	Flegel	Kugel.	

In den Vordergrund tritt wiederum die echtniederd. tenuis k für hochd. spirans ch, jedoch nur im In- und Auslaut, da anlautendes ch in hochd. wieder k geworden ist. Unter den Beispielen für den Auslaut sind zwei weniger sichere; geschwunden ist derselbe in den Pronominalformen wie mīle (jou?) und den Partikeln na, noa (noa Marken nach dem Marien- tage), assimiliert in nabber — napper. Anscheinend hochd. ch begegnet vornehmlich vor t, wo schon agf. u. a. c in h (d. i. ch) verwandelt wurde — außerdem in der entlehnten Form nachbor und dem unsichern sich. — Dem alten niederd. Flåmick entspricht es ferner, wenn k im Anlaute = hochd. k, wie kinne, klocke, oder im Inlaute wie balke, flicke — altfächsisch scheint. auch die Aspiration in brügghe, rügghe. Aehnlich entspricht dem hochd. g im Anlaute regelmäßig j (gh), im Auslaute nach kurzem Vocale ch, nur die Lautverbindung ng hält sich rein. Zwischen Vocalen pflegt es (einem weit verbreiteten Brauche gemäß, wie im Angels. und Mhd.) ganz zu schwinden, gewissermaßen im verlängerten Vocale bei. Diphthonge zu quiesciren. Ein besonderer, aber nicht auf den flämisch beschränkter Provinzialismus ist jochen.

d. Diphthonge.

So wenig der Raum es gestattet, auf die übrigen Consonanten einzugehen, so wenig können wir uns auch bei den einfachen Vocalen aufhalten, obgleich sie manche interessante Erscheinungen bieten; wenden wir uns vielmehr gleich den charakteristischen Diphthongen ei und au zu. Folgende Beispiele werden zur Erläuterung der Regel hinreichen:

1. au; flåm. ô = mhd. ou, flåm. û (ou) = mhd. û:

flåm.	ôhe	jlôben	bôm	drôm	kêpen	brud	bûk	brûken	bûre
altf. u. a.	ôge	—	bôm	drôm	kôpôn, cypan	brud	bûc	brûcan	bur, (bure)
mhd.	ouge	gelouben	boum	troum	koufen	brût	bûch	brûchen	gebûre
neuhochd.	Auge	glauben	Baum	Traum	kaufen	Braut	Bauch	brauchen	Bauer

flåm.	up	bûen (bouen)	sû (sou)	frûe (frone, frûê)	mûre (mouer)		schniete
altf. u. a.	up	byvan	sugu (sow)	frû (frêa, fri)	mûr		holl. snuit
mhd.	ûf	bûwen	sû	vrouwe	mûre		snûze
neuhochd.	auf	bauen	Sau	Frau	Mauer		Schnauze

2. ei; flåm. ê = mhd. ei (neuhochd. ei u. ai), flåm. î (ûi) = mhd. î:

flåm.	wête	sêde wêde (paštus)	bên	rên	wêke	rêken	zwêe
altf. u. a.	huêtl	—	bên	holl. rein	wêc	braecan	tuê
mhd.	welze	selte	welde	bein	reine	welch	reichen	zwei
neuhochd.	Waizen	Saite	Weide	Bein	rein	weich	reichen	zwei

flåm.	schnîden	sîde	wîde	schwîn	wîken	mîn	rîke	drî, drîî, drêî	schrîîen
altf. u. a.	snîdha	sîde (salix)	suîn	vîkja	mîn	rîkî	thrî, thria, threa	hû. schreuwen
mittelhd.	snîden	sîte	wîde	swîn	wîchen	mîn	rîch	drîu, drî	schrîen
neuhochd.	schneiden	Seite	Weide	Schwein	weichen	mein	reich	drei	schreien

Es ist klar, daß der oben aufgestellte Kanon hûs — bôm: schwîn — bên fast überall beobachtet ist, nur daß im Westflämisch û und î, wenn kein Consonant darauf folgt, gern in ou und ai (ei) übergehn — ähnlich wie im jetzigen Südschwäbischen hous und auge unterschieden werden.

Da der Raum es nicht gestattet, aus den mir vorliegenden zusammenhängenden Sprachproben einige mitzutheilen: so mag hier schließlich ein kurzes Verzeichniß bemerkenswerther Wörter und Wortformen folgen: 1. äde Egge, althd. egida, mhd. egede, elde. — 2. ungebachert ungezogen. — 3. backen Backofen, mhd. bachoven, vergl. „wer will gute Kuchen bachen, der muß haben sieben Sachen" u. f. f. — 4. blüjen, part. jeblün = blühen, geblüht, altf. blôian, agf. blôvan, part. blôven, noch englisch stark flectiert. — 5. blusse Blöthe, mhd. bluost, agf. blôst. — 6. Oebrümen Augenbrauen, altf. brâha und brâwa, agf. brâv. — 7. buſu, Rusô. Ôem so englisch, auch bei Luther subst. bus, verb. puſſen. — 8. drüen trocknen, agf. drîgan, altmärk. drüg'n. — 9. drâjen drehen, agf. thrâvan, mhd. draejen. Ebenso säjen ſâen, altf. sâian. — 10. ëkern Eicheln, agf. âcern, vgl. Grimms Wörterb. eichel u. eckern. — 11. erne Ernte, mhd. erne. — 12. fêlm Fohlen, altf. fola, altmärk. füllu. — 13. flass Flachs, wie ossen Ochsen, wegen der Assimilation hier nachzuholen; agf. fleax, oxa. fürs Altsächf. schon aus Ossnabrück zu schließen, holl. vlas, os. — 14. füre Fuder (Fuhre?), bochd. fodar, vueder, agf. fôr. — 15. ungnûtschen ungenügsam. — 16. hêde Höde, angelſ. hêhdhe, hêadho. — 17. hêm Wohnung, ebenso altsächſiſch, agf. hâm: in der Verbindung na hême. — 18. hîwwel Hügel, mhd. hübel. — 19. kîken sehen, praet. kîku, pl. kâken, part. jekacken; ähnlich altmärk. praet. kêk, part. kâkn. Vgl. agf. cêace das Ausspähen! — 20. krüpen kriechen, agf. crêopan. — 21. krûs Trinkkrug, altmärk. krôs, mhd. krûse. — 22. lêch niedrig, z. B. lêchel feld, agf. lâch (lag —). — 23. lîmt (libbend) Leinwand, schlef. leimt, mhd. lînwât. — 24. mtschke Mücke. Wendisch? zufällig stimmt etwas engl. midge (agf. mycg.) — 25. dsch-nachtens des Nachts, altmärk. ôch znachts. — 26. polter Kamin. — 27. haudquéle Handtuch, wie noch bei Goethe. Altmärk. dwél, mhd. twehele, zwehele (altsächſ. dwamtla?) von twahen waschen. — 28. rânk Regen, nord. regn, agf. regan, rên. — 29. sûer Wanduhr, mhd. seiger. —

30. sedder mehr, з B. hä kann sedder lopen als wi ick; vermuthlich = sehrer, aus serder. — 31. schumster (schummester) Schulmeister; vgl. Burmeister = Burgemeister. — 32. trecken (*trecken?*) ziehen. Weitverbreitet in Norddeutschland, lat. trahere, goth. drôg tull, mhd. trechen, trecken. — 33. zunder jetzt, altmärkisch zund, zunner, aus mhd. iezuo, iezund, izund.

2. Der nördliche Theil des Kurkreises.

Als Anhaltepunkt für diese vom Flämisch aus nordwestlich gelegenen Gegenden sollen uns die Orte Rahnsdorf (gespr. Roansdorp), Bossdorf, Niemegk (Niëmeck), Gömnick (Jemk), Brück, Lütte, Wiesenburg, Raben (Râne) — die letzteren um Belzig — und Gribo bei Coswig dienen, und zwar vergleichen wir zunächst nur die oben als charakteristisch erkannten Lautverhältnisse. Sämmtliche genannten Ortschaften nun stimmen überein in folgenden Formen:

1. Téken, tīd/, knīptânge, fertellen (nur in der Stadt N. erzälen), tü (tuo, te), schnûte oder schnüte, schmīten, hēt, jrôt, et, dat, ūt, rūt (darūt), höchst feld/; 2. plūme, pűper (peŭper), plīen (von N. an nordwärts plüen oder plēn), sūpen (suopen), ruopen, jrīpen, sepe, lâpel (leäpel), schoap, up, drup, knôp, kalf; 3. brüken (breüken), mosken, brüken, süeken (sleŭken), röken, nakken, ēke, buok, ick.

Diesen schließen sich an als fast durchgängig: 1. tēl ob. tūl z. B. tülschtriker Ziegelstreicher, nur Rbf u. Bbf zīſelschteü; schtroute (nur Rbf schtroaße); 2. schäpel (Rbf scheffel); blef (nur Bbf bleb, in den nördlichsten Orten blech), jaf (Bbf jas), jett (Gr. Rbf jätt, N. jeżt), dôf (G. dûs); 3. mäken, nur Rbf mücken. Die Abweichungen beruhen vielleicht nur auf ungleichartiger Beobachtung.

Andererseits findet sich die eigentlich niederdeutsche Form für alles und für zwei hier eben so wenig als auf dem Flämisch; dagegen finde ich für bloß (B. N. Br. L.) auffallenderweise blôt notirt aus Rbf, G. B. N. Gnbo; sind diese Angaben durchweg zuverlässig, so ist doch wol zu vermuthen, daß auch auf dem Flämisch noch irgendwo blôt vorherrsche. Bei andern Wörtern findet sich die echt ndb. Form noch in einigen Ortschaften, besonders den nördlichsten, z. B. wēte, wei, löp in G. Br. L. Gr. neben wēze, weß, löf in Rbf, N. Bbf, R.; woater in G. L. N. neben woaßer oder wasser in Rbf, N. Bbf, L., ebenso schpräken nur in N. G. L. — Der Vocalismus ist, obwol im einzelnen vielfach verschieden (ich nenne nur die bei Brück und Lütte hin übliche Form dânßen tanzen), in den wesentlichsten Punkten überall niederdeutsch, also bôm, bûk, schwin, tīd/, tēken u. a.

Mundartproben in zusammenhängender Rede liegen mir vor für die Umgegend von Mörz zwischen Belzig und Treuenbriezen, sowie für Bossdorf. Aus den letzteren hebe ich folgendes hervor: schūrze Strauß, schpür Uhrzeiger, 'schmorjeus, des Morgens, allhôpe zusammen (eigtl. all to hôpe), im bauteusfelde draußen im Felde (altmf. būten aitf. bī ūtan). Im allgemeinen zeugen sie von großer Ungleichheit in Behandlung einzelner Wörter, wenn z. B. es (mhd. ez, ndb. et) bald et, 't, bald es, 's, nach r sogar 'sch lauten kann — theils ein Beweis dafür, daß Bossdorf wenigstens jetzt an einer Dialektgrenze liegt, theils dafür, daß die schriftdeutsche Schulbildung im Verein mit der Wanderluft der jüngeren Dorfbewohner dem niederdeutschen Charakter der Mundart stark zusetzen.

3. Der Busch südlich vom Flämisch.

Wie in dem eben besprochenen Sprachgebiete das Volksbewußtsein den an sich schon mancherlei Dialektunterschiede in sich vereinigenden Flämisch von den nördlich sich anschließenden, eine sehr ähnliche Sprache redenden Ortschaften scheidet: so zerfallen dem Volke auch die im Süden angrenzenden in verschiedene Bezirke, aus denen zunächst der sogenannte Busch hervortritt. Hier ganz besonders kann ich mich auf den mit Sachkenntniß und lebendiger Anschaulichkeit geschriebenen Aufsatz von Franz Winter beziehen. Als die westlichsten Buschdörfer (im engern Sinne, denn auch an andern Orten z. B. nördlich von Treuenbriezen, kehrt der Ausdruck wieder) werden Gadegast, Zemnick, Leipe, Arnsdorf und Rehain angegeben; die Südgrenze bildet wol die Annaburger (Lochauer) Haide; im Osten scheint er zunächst mit Dubro, Knippelsdorf und Rino abzuschließen. Der Unterschied zwischen Busch und Flämisch erstreckt sich auf den Boden, die Trachten, die Sprache und vieles andere — es genüge hier folgende Charakteristik nach Winter. Busch bezeichnet einen auf feuchtem Boden belegenen Laub- (meist Ellern-)Wald, in strengem Gegensatze gegen die Haide (hēde), die auf sandigem höheren Boden belegen ist und aus Nadelholz besteht. Ueberdieß befindet sich noch jetzt fast bei jedem Dorfe des Busches

2*

ein Lug (luch) b. h. eine moraftige, meift mit Erlenholz bewachsene Wiesenfläche, während die Separation im übrigen die äußere Gestalt dieser Gegenden schon sehr wesentlich umgestaltet hat und noch umgestalten wird.

Hinsichtlich der Sprache nun findet innerhalb der angegebenen Grenzen ebensowenig eine geschlossene Einheit statt als beim Flämisch; der Charakter derselben ist eben das allmähliche Abnehmen niederdeutscher Consonanz. Am meisten scheidet sich noch von den übrigen das außerhalb des Kurkreises gelegene Ländchen Bärwalde, welches außer dem Hauptorte (Berwäle) die Dörfer Meinsdorf (Mênsdorp), Herbersdorf, Wipersdorf, Cossin, Rino und Weißen (Willen) umfaßt. Folgende Angaben aus Meinsdorf mögen es kurz charakterisieren. Hinsichtlich der Zungenlaute steht sie dem Flämisch gleich: teken, tid, knipstänge, titsichtên, dertellen, tuo, schuûte, schmîten, schtroate, wêten, jröt, et, dat, wête und wêze, sogar blöt u. blöß, wasser, zwê. Fast ebenso in den Gaumen- und Lippenorganen: knöp, löp, schoap, aber scheffel und lessel; jast und jest, aber röb und blêb neben rof und blef; sieken, breiken. brûken, schpreüken, Ick — nur nicht moaken sondern machen. In den Vocalen gelten für ai — ei — au durchaus die niederdeutschen Verhältnisse — kurz die Zusammengehörigkeit mit dem Busche erstreckt sich was die Sprache betrifft auf weniger wesentliche Eigenheiten, z. B. rüen, derkeäne statt räenk und entjäghne, entjüüng'e.

Ebenso bezeichnet Hr W. einerseits die Mundart von Schönewalde, andrerseits die von Seyda, „einer Stadt, welche die Brücke zwischen Busch und Flämisch bildet" als vereinzelt und eigenthümlich, und findet bei ersterer den Grund zunächst in der Lage zwischen altbrandenburgischem und kursächsischem Gebiete, sowie in allerlei örtlichen Umständen. Ein für die Sprache bezeichnendes Verschen, wodurch die „Schönewaelschen" von den Anwohnern verspottet werden, mag man bei ihm selbst nachlesen. — Im übrigen ist die Mundart des Busches, bei deren Darstellung vornehmlich das Dorf Stolzenhain zu Grunde gelegt ist, in den wesentlichsten Lautverhältnissen folgende:

I, 1. t für z: et, dat, wat, jröt nîr, jrôlet, mînt, lêet und hôet feld, ütlachen (an der Flämisch'sgrenze, in Dubro schon üßlachen, mut (aber pl. müssen); schulle, sitten (meist schon sitzen), süete (süße), scherte (scherze), Schtoltenhoau (aber adj. scholz), ebenso Holtdorp, aber appell. holz. Im Anlaut verschwunden außer in (erweichender) Anlehnung an vorangegangene Wörter: se jingen tesamme, luslich te sinne, te machene, derrissen; der kruoa jèt so lange te wassere besse (= bes he) en zwê jèt; wenn'n eäsel te wol is, denn jèt 'e up 't is dannßen — wo überall streng phonetisch de oder wenigstens d zu schreiben wäre.

Dagegen also nicht bloß wêze, blöß, alles, sondern auch: zuo (zuên = zu ihm), zèchen, zöm, zit, knipzänge, ziegelschtên, zulwein, zunge; schnüze, derzellen, herze, schmatz, schwarz, heß, hêßen, wiß, weß (wissen), schmüßen, besser, moull, niessen, essen, fressen.

2. d für t: dochtere, dach, dôchen, diep, dûbe, dröm, dêl, dannßen — aber schon in Dubro tanßen — überhaupt putter, mutter, foater, ülder Teller, toalder Thaler. Wie auf dem Flämisch wird d assimiliert oder ausgestoßen: pfänen, äre, päre = pfänden, Erde, Pferde; nasaliert: drunger, fingen, bingen; eingeschoben nach n und l: daghelendere, hludere (slug. hinne), kender, dunderschdagh (auch nbl. und engl. dunder, thunder, bei Reisersberg donder), melder, belder, fulder, holder = Müller, Heller, voller, hohler. — Endlich ebenso ausnahmsweise verhärtet in tack Dach, wozu noch tausend.

II, 1. p für f und pf: Anlaut: pluech, pîîen, peäll Pfühl, peffer, poal, plame, proppen, pärd, pipen (Stolzenhain, aber schon in Holzdorf Pfen) — dagegen fennick, fund, ferschîke u. a. für Pfennig, Pfund, Pfirsich. — Inlaut: sepe, sripen, ruopen, säpen, schläpen, helpen, repe, kluidepen (aber tôfen), hoppe Hopfen, schueppe, karpe, drippen (agt. dropan). droppe. — Auslaut: kopp, zopp, knöp, schilp, rip, diep, hûp. Aber schlff, affe. treffen. köfen, peffer.

2. f oder w für b: wif, af, half, lief, bief, schtarf, schbrof, schref, jaf, jrof, döf, rôf. seff Sieb, löf Laub, half, rôf, schtôf — aber wibesside (flâm. früensside), dûbe, bîtwes, schrûwen, schriwen — jeschrewwen, jâben (Inf. jêûn, part. jeßûn, pl. imp. jêtt), kûlwer. Dem entsprechend für eigentl. f oder v; wulf plur. wilwe, ñmwe, elwe, zwel'we. Endlich rein flâm. putter, aber auch pêrön, puckel, präzele.

III, 1. k für ch: wîken, mäken, êke, suêken, rôken, buêke; Ick, ôk, buok, bûk, lock, tack — dagegen brechen. macken, brôchen, sich, mich; ich. knecht, nachber, dochtere, und (für hoch). k) quarch, marcht. Vereinzelt, aber sprachlich richtig k in klocke, klucke. kaßen: auffallender keän und derkeäne = gegen, entgegen, neben bejän'n begegnen.

2. g im Auslaut zur harten spirans geworden: wech, lach, zöch, dach; im Inlaute döchen taugen, jochen jagen. Ausgestoßen oder in h verwandelt: ôhe, fêhe, pllen, âlen, rûn, woan, soau, droau, flêûl, kêâl. Als weiche spirans verdoppelt für hochd. ck in briggbe. riggbe, wozu auch zigghe.

IV. Für den Bocalismus notiere ich folgendes: a. âlc̄, comp. âlder, sup. âlste; au: fraue, sau, bauen: mûre, dûve, brûd, brûk, lûde (meist schon laut); bôm, drôm, ôhe, kôfen; schreien, drei, schwîn, schrîben, wîde (salix), schnîden, rîp; ai (ei): wêze, jetrâde, bêde, beu, bêde, wêde (pastus), rêpe; äu und eu: nei, freien, ûr, blte, lîde, simen, friud, alle (wol besser süle), bême; ach euch, aue euer.

Als grammatische und lexicalische Besonderheiten, zum Theil von altem Datum, zum Theil auch schon oben beim Flämisch berührt, mögen hier stehen: 1. board bei Schneideinstrumenten (mhd. barte?), 2. deckfel Hohlbeil, 3. dirde Theurung, wie höchste, wermde, 4. drêbe trocken, 5. dunne damals, 6. fruëde Verstand, agf. fród, altn. fródhr, im Reinecke Bos vrôt; 7. krûfen kriechen, 8. krûnik Kranich, 9. hîwel Hügel, 10. lle Eule, nbd. lule, 11. hôkst Hochzeit, 12. lëvendich lebendig, 13. lûch Lügner, altf. loga, 14. quicke heißt das Korn mit vollen Aehren, agf. cvic, 15. sündich Sonntag, wie moandich, dlusdich, frûlich; 16. jezaue Webstuhl.

4. Der äußerste Westen des Kurkreises, nördlich von Schlieben.

Wie die Grenze der Flämisch-Mundart bis gegen Ludau hin überall mit der Kurkreis-grenze, welche auch jetzt noch die preußischen Provinzen scheidet, zusammenfällt: so finden wir überall in den nächstsüdlichen Ortschaften die Sprache der Buschdörfer wieder, oder wenigstens eine derselben so nahe stehende, daß der Unterschied für unsern Zweck hier fast gleichgültig ist. Beispielsweise stimmen die Dörfer Werchau, Lebuse, Schöna, Langenrassau und Hohenbulo hinsichtlich der Vertheilung von nbd. t und hochd. z oder ß größtentheils mit der oben angegebenen Sprache des Busches, während schon Kraffig, (wie wir weiter unten sehen werden) wesentlich abweicht. Die mit bekannten Besonderheiten sind folgende:

1. Tesamne, bej. sesamne soll sich nur in Sch. finden, während die andern Dörfer nur zusamne oder zusamde gebrauchen, tue allein aber noch in Sch. vorkommen soll. Te sinue sind' ich nur aus LG. bezeugt, rût nur aus HB., ût nur aus Sch., die andern haben zu sinn (zu sein), rüß, ûß. Dagegen wird für LG. (was sehr interessant wäre) allet für alles angegeben, welches selbst auf dem Flämisch das t verloren hatte. Andrerseits scheint jrôt bereits in allen fünf Dörfern mit jrôn vertauscht worden zu sein. Die Einschiebung des d in kênder kennen wenigstens L. und LG. nicht mehr.

2. P für pf und f ist fast überall den Buschdörfern gleich, LG. stimmt außerdem mit dem Flämisch in lêâpel und schêûpel, L. hat zwar lôp, aber uf, druf, feffer; dagegen stimmt HB. in dem Worte plfe mit der Bildung von peffer überein. F für b stimmt ebenfalls fast durchweg, doch ist pûr, jaf, rôf für bauer u. (. f. aus L. nicht bezeugt.

3. Für die Gaumenlaute findet sich die Flämisch Form napper noch in HB., Sch. und LG., in letzterem auch moaken und mê (wofür HB. mech, wie seeh für sich). Schprechen finde ich für L. und LG. angemerkt, letzteres entdehrt auch der Form mâken. Die Form kelln hat keines der Dörfer, statt deffen die für Nordveutschland geforderte Form jējen oder jēân.

Auch im Bocalismus hat LG. manches mit dem Westflämisch gemein, z. B. frû, sû, boen (letzteres auch HB.), schreien, drf. Das sonderbare sich der Buschdörfer findet seine Vermittelung in dem âuch der fünf Dörfer, wozu (in HB. und Sch.) Rom. ji oder ju. Interessant ist auch, daß in L. und Sch. für aber bereits die Nebenform odder, adder, uader beginnt. — Als lerikalisches füge ich schließlich aus HB. hinzu schlücken Rücken, hêschen betteln b. i. beischen, ferdoakt verirrt (wovon unten), hêdeusch Haidekorn, kopp'üle Kopfkissen, kâd wund — ugf. altmârk. u. kwaad; als lautlich interessant schnissel Schlüssel, und (zu drûjen u. f. f.) nûjen nähen, mûjen mähen.

Im ganzen aber können die genannten fünf Dörfer, was die in ihrer Mundart enthaltenen Procente niederdeutschen Lautstandes betrifft, unbedenklich dem Busche gleichgestellt werden.

5. Kropstädt, Berkau, Strauch und Zubehör.

In ähnlicher Weise schließen sich an den vorherschend niederdeutschen Distrikt bei Bossdorf und Rahnsdorf südwestlich einige Ortschaften mit gemischter Mundart an, wobei ich namentlich Kropstädt, Berkau, Strauch mit den kirchlich dazu gehörigen Dörfern im Auge habe.

Durch das Fabrik- und Handwerkerwesen, das den Bauernstand mehr in den Hintergrund drängt, ist hier wol (wie mit Recht eine Stimme aus genannten Dörfern sich vernehmen läßt) der ursprünglich herschende Flämiger Dialekt nach und nach verloren gegangen, und es findet sich durch den Zuzug sovieler Gesellen aus verschiedenen Gegenden ein Gemisch sehr verschiedener Mundarten vor. Hier wie überall kann daher für unsern Zweck nur die Sprechweise der ältesten Eingebornen maßgebend sein — namentlich der Frauen, vgl. Plat. Cratyl. 418 c. d.

Die Zusammengehörigkeit mit dem Flämisch bekunden z. B. für Str. und B. folgende Formen: tu zu, ei, dei, büten (aus B., wofür wir oben in Bossdorf bauten-fanden), weten (unsicher neben wissen), woaster B. neben wasser), lausten; läpel, schüpel (auch in Kr.), pärd, plecu; sie = feige, räuk, buk Str., brüken, monken, bräken und schprekken (B. in beiden ch), mick, bolle B., sleken; häe batte, frone, sou, schreen, drüll; jou, joue; sallst sollst. — Andrerseits ist der Lautstand vielfach der nehmliche wie im Busche, die niederdeutsche Consonanz sogar in weiterer Ausdehnung aufgegeben worden. So heißt es nicht nur zechen, zwe, zit (zeit), erzellen, zu, schnüze (schnauze), schirowlle, alles, sondern auch ussrüß, jroß, mlus; dob, rob, büer, uf (nur B. up), druf, pfoul B., feiser Str., märchen, eche, süchen, röchen.

Leider bin ich außer Stande genau anzugeben, wie weit nach Südern bez. Südwesten diese Mischung hoch- und niederdeutscher Formen sich erstreckt, welche jedenfalls dem eigentlich niederdeutschen Gebiete als ein verhältnismäßig verwandtes Vorland sich anschließt. Fassen wir beide zusammen, so dürfte die Grenze etwa in folgender Weise zu ziehen sein. Von der Elbe zwischen Gribo und Apollensdorf nordwärts auf der politischen Grenze bis über Rubersdorf, dann südlich von Grabo, Köpenick, Rahnsdorf vorbei nach Leeza und Zemnick, dann von Jessen nach Annaburg, weiter über Arnsnesta zwischen Bernsdorf, Dubro, Werchau, Lebusa, Schöna, Schwarzburg einerseits und Zeisnigl, Krassig, Naundorf andrerseits zur politischen Grenze. Alles was von der genannten Linie südlich liegt, fassen wir vorläufig zusammen als

6. Ueberwiegend hochdeutsches (mitteldeutsches) Sprachgebiet.

Natürlich stoßen wir auch hier noch vielfach auf niederdeutsche Eindringlinge; am besten wird es sein, dieselben wiederum den einzelnen Lauten nach aufzuspüren.

Bei den Zungenlauten sind es in der Hauptsache nur die Wörtchen et und dat (det), in denen sich das Niedersächsische an einigen Orten gehalten, nämlich in Dobin (wo auch noch tu, tusammen, meint = das meinige, gehört wird), Zahna (z. B. höet felst, leet f.), Cuper (gespr. Yper), wo auch jrót für jroß gelten soll, Apollensdorf (spr. Bollosdorf — beiläufig die aus Balduinsdorf, Boldendorf verkürzte Form des Namens, welche erst seit Melanchthon infolge falscher Gelehrsamkeit zu Apollend. entstellt wurde), Segrehna (spr. Sichraen) und Qutsch. In den beiden letztgenannten Dörfern heißt es regelmäßig das und es, nur bei der mit Aphäresis verbundenen Inclination spricht man hem iss't am besten, oder „Wer kommt da? Der müller iss't", Fritze isset. Dasselbe gilt von dem nördlich bei Schlieben gelegenen Dorfe Krassig. Charakteristisch ist, daß in Cuper, Cutsch u. a. anlautendes z mehr wie ß klingt: sie, sesammen, ausslock Auszug, insock Einzug, su kortsch zu kurz.

Ferner die Gaumenlaute. K für ch findet sich nur noch nördlich der Elbe; ick für oder neben ich ist mir bisher für Dobin, Apollensdorf und Dietrichsdorf (spr. Drießdorf), während in Bleesern (Bläser), Wittenberg und Iserbeck a (gespr. Eiserbecke) schon ich allein gilt. Ferner hört man Jck auch in Gollochau (Köloche), Zeisnigl und Krassig. * Alle andern oben verglichenen Wörter werden hier mit ch gesprochen, nur über nachbar ist zu bemerken, daß dies in der bezeichneten Gegend zwar fast durchweg nachber lauten soll, in Segrehna und Umgegend aber nackwer. Letztere Form ist jedoch meines Erachtens trotz des Anscheins so weit entfernt specifisch niederdeutsch zu sein, daß ich sie nicht nur für die Bitterfelder und Merseburger Gegend sondern sogar für die Abhänge der Finne gegen die goldene Aue bin nachweisen kann.

Endlich die Lippenlaute, bei denen der niederdeutsche Einfluß weit ausgedehnter hervortritt. So steht Krassig bei Schlieben hinsichtlich des b und f vollkommen auf der Laufstufe des Busches, da man dort bles, jas, dof, kalf hört; von p: pf hat dieß Dorf nur pesser und plüßen mit dem Busche gemein. Für knöp sagen die Krassiger knopp, allein im übrigen bezeugen charakteristische Formen wie keene, derkeene, rän, pär, aue (euer), als die nahe Verwandtschaft mit den Buschdörfern. Sonst finde ich noch pesser für Gollochau angegeben, und im Westen pul für Cuper — wenigstens in der Verbindung blütejel-pul, für Cutsch ebenso pul, pluk, schep (schief). Ziemlich weit reicht die Form pltzen oder plten für pflügen; sie gilt z. B. in Cranienbaum (Ranjenbôm), Eutzsch, Dabrun (gespr. Braun), Pretzsch, Glöben, Bethau (östl. von Prettin) und Staritz bei Mühlberg, also bis über die südöstl. Grenzen des Kurkreises hinaus — allerdings wird in den beiden letztgenannten Orten schon meist flügen oder ackern gesagt. Für den Bitterfelder Kreis geht der Anlaut p in diesem Worte nur bis Schlaitz (Schlâz), also bis nahe an die Mulde; in Burgkemnitz (Kemz) dagegen, dessen Sprache schon in etwa unter dem Einflusse der benachbarten Städtchen steht, ferner in Alt-Jeßnitz, Roitzsch (Rôdsch) u. a. hört man nur flügen oder flhen. Zu beachten ist dabei, daß das Subst. pflug, welches Grimm Gesch. d. D. Spr. 56 für slavisches Lehnwort hält, nach Weinhold S. 73 in Schlesien nur flug lautet. — Andrerseits gilt im In- und Auslaute für pf nicht nur durch den ganzen Kurkreis, sondern nach Süden und Westen weit über seine Grenzen hinaus das doppelte p: knopp, appel für Knopf, Apfel — eine Eigenheit, welche ebenfalls weit über das Gebiet des echt-niederdeutschen Vocalismus hinaus südlich sich verbreitet hat und womit auch das einfache p nach m (schlmpen, schtrump — wie es auch in Schlesien heißt) auf gleicher Stufe stehen mag.

Es bliebe noch übrig, den Stand der Vocale in seinen wesentlichsten Puncten, nämlich der Diphthongenfrage (ei und au), zu überblicken. Sowol im Busch als im Flämisch und den an diese sich anschließenden Gegenden galt die altsächsische Vocalisierung hûs — bôm, schwîn — bên, welche nur in 1. und 3. mit dem Mittelhochdeutschen stimmt. Das südlichere Gebiet, von dem wir jetzt reden, macht die Sache ebenso in Bezug auf das Neuhochdeutsche: es adoptiert bei 2 und 4 die niederdeutsche Form, während bei 1 und 3 die seit dem 12. Jahrhundert auftauchende und seit Sec. 15 in unsrer Schriftsprache geltende sog. mittelhochdeutsche Aussprache durchgedrungen ist: haus — bôm, schweln — bên. Ich vermag dieselbe mit Sicherheit für folgende Orte anzugeben:

Auf dem rechten Elbufer: Apollensdorf (gegen Gribo), Dobin, Zahna, Prülitz, Dietrichsdorf, Iserbeda, Glöben, Bethau; auf dem linken Ufer: Segrehna, Eutzsch, Dabrun; Iltjeßnitz, Burgkemnitz, Roitzsch und Staritz. Den Uebergang zum ganz niederdeutschen Vocalismus bezeichnen für den Osten u. a. Krassig und Gollochau bei Schlieben, wo wiederum die Uebereinstimmung mit dem Buschdialect hervortritt (frau, bauen; mûr, brûd, bûch; schmllßen, schwein oder schwin), für den Westen dagegen das Dorf Euper (Yper), wo man zwar fraue oder fra, mauer, braut, schweln, mein hört, aber (wie mir ausdrücklich bezeugt ist) schmllßen für schmeißen.

Die oben bezeichnete Reihe huus — bôm u. s. w. erstreckt sich übrigens südlich (sowol ostals westwärts) bedeutend über die Grenzen des Kurkreises hinaus: es ist bekannt, daß z. B. in einem großen Theile des jetzigen Königreichs Sachsen (die Hauptstadt eingeschlossen) ebenso geredet wird; nach Südwesten hin vermag ich wenigstens Einen Grenzpunkt anzugeben. In Wiehe nämlich im Unstrutthale spricht man wie hier huus, bôm, öch; meln, bede, ich weiß; aber nur eine Stunde südwestlich davon in Langenroda, einem der nördlichsten Bergdörfer der Finne, beginnt eine durchaus verschiedene Vocalisation, welche weiter südlich wiederum andern Schwankungen unterworfen ist. Man spricht in dem genannten Dorfe troue, soue, bouen, ruß, ûß, brüche, müre, brüt; boum, ouch, (soufe?), rouche — ferner: schrüle, zit, schwin, min, schmitte; häßt, zwlt, zälchen, wälzen, bilde, schätel, säffe, kälner — und hiernach in eigenthümlicher Mischung bei dem alten u. bliwest, er bliwet; er blep; jebliwwe. — Bemuthlich meint Weinhold S. 48 mit dem als "nordthüringisch" bezeichneten Diphthonge ül oder ei unser ûl; doch schien mir letztere Bezeichnung angemessener, da der Sprechende dabei auffallend oft den r verweilte, dergestalt, daß ein ungeübtes Ohr leicht bloßes l heraushört *).

Zur weiteren Charakteristik obiger Mundarten, zunächst der der westlichen Aue, mögen folgende Proben aus dem eingangs erwähnten reichen Material dienen, welches der bief. Verein für Heimathkunde über das Dorf Eutzsch besitzt; es sind zum nicht geringen Theile ältere Sprachformen, denen unsere jetzige Schriftsprache untreu geworden ist. So für die

Hauptwörter und deren Flexion: dî schpâle, schlucke (so!), droppe, flôhe = der Spaten, Schlucken, Tropfen, Floh — mhd. die spate, slucke, tropfe, dîu vlôch, gen. vloehe; der hôf, pl. höfe, der Haufen, mhd. hûfe; das jemêne die Gemeinde (auch mhd.). Rad, schâf,

---

*) Es sei an dieser Stelle erlaubt darauf hinzuweisen, daß man wol nach allendem von einem gleichmäßig festsehenden Vocalismus „der thüringisch sächsischen Mundart" nicht reden kann, wie A. v. Raumer (über D. Rechtschreibung S. 94) zu thun scheint; die dort gegebene Beweisführung verliert dadurch bedeutend an Kraft, daß wir nicht wissen woher jener in Orlamünde mit Luther colloquierende Schwärmer gebürtig war.

bröt, feld haben plur. di rad, schäf, bröt, feld (an Gebäuden im Fachwerk) grade wie im Mittelhochdeutschen. Der namen plur. nameue; der waagen pl. di wäne. — Starke Flexion sacks Röberte sagS Roberten, dem Robert. Schwache Flexion mit Uebergang zum compositum: Koppen haus, Scheiben hof = des Koppe Haus, des Scheibe Hof, ganz wie ein altsächs. Koppan hûs, (Grimm Gesch. d. D. Spr. 649. — Sächs. Plur. auf —s nicht bloß jungens, mädchens, sondern auch sonne sogghels solche Vögel, von muntern Kindern gebraucht. — Genitiv als Quelle eines Patronymikon: Bernds = die Jungfer Bernd.
Bei- und Fürwörter: Possessiv aus dem Dativ mit Genitivendung gebildet, z. B. wemes jöltsön bistu? Fáterus, mutterns. Die Unform wems hört man bekanntlich bis an die äußersten Ostgrenzen unsrer Muttersprache, „wo noch deutsche Worte klingen dort am fernen Memelfluß." — Comp. Jüter (etwa wie jütiger), wo die Schriftsprache besser nicht brauchen kann. Zum Beispiel, wenns in Dabrun regnet, in Pratau nicht, so heißt's wol der himmel is de Rreunschen Jüter wf de Prätschen. — Setter, am settsten, zu sér, wie oben Flám. sedder.
Zeitwörter und deren Flexion. Starke statt schwacher: ufgeblöghen aufgeblüht, wie oben beim Flámid; jehowwen (jehobben) gebauen — nach dem mhochd. Ich houwe, praet. Ich hiu ob. hiew, wir hluwen ob. hiewen, gehowen ob. gehouwen. — Vermeidung der sogen. reduplicierenden Präterita: fûl, blûs, lûn, schlûf, stôß, loff, hôb = fiel, blies u. f. f. Formen, die sehr weit verbreitet sind, vgl. die selbst bei „gebildeten" Wittenbergern vorkommende Unform gänge für gienge. — Uebertragung des Pluralvocals in starken Präteritum auf den Singular auch in der 6. Conjugation: er sunk, trunk, schtunk, schlurb, wie noch Schiller „der junge Graf voll Löwengrimm schwung seinen Heldenstab." — Dem ähnlich denn auch im Präteritopräsens Ich derp, du derpst, he derp, wir derben, er derpt, se derben = ich darf u. f. fort, wofür die vermeintliche Bildung mancher Wittenberger ebenfalls Ich dürf setzen zu dürften glaubt — Zu sinn Imperativ bis z. B. bis schtille juf. bischtille; altsächs. wis, mhb. wis und bis, noch bei Luther bis Got befohlen — auch in Schlesien üblich.
Lautlich und lericalisch interessant, obwol nur zum Theil auf die Aue beschränkt: âne ohne, mhb. ebenso; åbest Obst, mhb. obez, nach H. Leo eigentlich ab — all von abessen; grâbe leimt grobe Leinwand; au der hüde (hüköe) in ber Höhe, mhb. an = auf, in — Jeköst, ferküst; daneben jeköst in einer methyologischen Redensart. — Kindlichen, weibesen — wie Luther schreibt an meinen lieben son Ilänskhen. — Ewikkt, weinkti (auch welnikei, wie im Nordschlesischen, Weinhold S. 45), ahd. ewigheit, mhb. ewechelt, ewekelt. — Ilcie heilig, in hele kriŝi, hele ámd (abend). — Ilôks hochzeit, mhb. höchgezit, hohkezit, s. ob. Flám. hôkst. — Sist sonst, mhb. sust, sus, sûs. — Blâwe, jrâwe blau, grau, mhb. blâ, grâ pl. blâwe, grâwe. — Mittichsbrod neben noahmittlack, vgl. Busch: sonntich, atem. suntig; im Geiselstrich bei Merseburg hört man bei namitt'che für heute nach mittage — mhb. dagegen ist mitt'che = mittewoche. — Füerder Fûhrer, längede Länge, dickde; schwer Comp. schwerder; 's las der muad érder es ist der Magd ihrer.
All schon ob. sehr; ersteres sehr verbreitet (auch Flámid), für letzteres wird (vielleicht mißverständlich) die Redensart angeführt 't is all käll. — Bammen sacken jen Bemmen sangen gehn b. i. als Parasit bei einem Hochzeit- oder Kindtaufschmause erscheinen, wo die Gäste von ihren Sitzen aus den Erspectanten Brot und Fleisch zuwerfen. — Bocken kriechen, von Insecten. — Bossen küssen, f. oben. — Drethürig zuthulich, pfiffig, vgl. altmärk. drihoarig. — Drüket Trockenheit, f. ob. Flámid. — Ellizig einzeln (eiulizzig?). — Erwer, erber zart. — Ferdâlen, sich, durch den Schnee geblendet sich verirren, f. ob. Flámid, vgl. altmärk. ferdwoain, altsächs. fordwelan. — Fildern vollends. — Fläge Regenschauer. — Jelstreich streich von Thieren prädiciert in der Bedeutung von Muth und Stärke, das iss e jelstreicher hammel. — Jlauch, zum Mähen noch nicht reif. — Jrinzen aufgrünen (grüenezen)? — Klsite wählerisch im Essen, altmärk. klsfrâtsch von kls'n beim Essen ausmählen, das bekannte klesen und flám. kien, frâlen. — Krübisch, kräwsch munter, wol von krabbe. — Kröp (grób) verächtliche Bezeichnung für Mensch und Vieh, wol von krupen kriechen, f. oben. — Kurwendlich kräftig und beweglich. — Lê niedrig (f. Flám.), daher lêung, eine Vertiefung im Acker. — Moch Moos, auch Flámid, vgl. altmärk. much Schimmel, lat. mucor. — Muthick (th englisch!) taig, mutherig. — Pass jüen Acht geben, altmärk. jif pass! — Petern jeu (am Peterstage) Geschenke holen; sterben (und zu St. Peter an die Himmelsthür kommen). — Quick (vgl. Flám.) wachshaft vom Getraide, altmärk. ausgedehnt, aufgetrieben. — Quînen umkommen, altmärk. quin' kränkelnd hinschwinden. — Rachsrich habgierig (mit Anlehnung an aufgesperrten Rachen). — Relte machen zureiten, wie trecke machen einfahren, scil. ein Pferd. — Renken taugen;

das renkt ja nischt. — Schleijepōsen ob. schtockepōsen, sich, fich plagen. — Unjedéch
Unkraut, von gedeihen. — U'nôte ohne Noth. Ätml. unnōd gern, altsächf. unodo nicht leicht,
von odi leicht? — Zentlank in der Reihe (zu ende lang = das ende entlang?) — Zweifelhaftich
befinnungōlos, z. B. he hat'n jeschlān, daſs'e zu rechene zw. lēn blep.

7. Ergebniſſe.

Obgleich auch dann, wenn ich alles unter meinen Händen befindliche Material mitgetheilt
hätte, noch immer (wie es bei solchen Fragen allezeit der Fall ist) unendlich viel unbeantwortet
bleiben würde: so läßt sich doch wol im allgemeinen folgendes als feststehend und erwiesen ansehen.

Die Mundarten des Kurkreises sind äußerst mannigfaltig; fast jeder Ort oder doch fast
jedes Kirchspiel hat seine Eigenthümlichkeiten, die den Eingebornen unverkennbar ins Ohr fallen,
dem Fremden aber und darum den meisten Gebildeten vielfach unbemerkt bleiben. Allen jenen
Mundarten ohne Unterschied ist der niederd. Vocalismus bōm, bēn, fūr mhd. boum, bein, und
der niederd. Gebrauch des p für pf im In- und Auslaut eigen. Im übrigen laſſen sich zwei
Hauptgebiete unterſcheiden: das nördliche und nordöſtliche, wo der niedb. Lautſtand
mehr oder weniger überwiegt, und das südlichere, wo außer den oben genannten Lautver-
hältniſſen nur wenige Spuren niederdeutſcher Conſonanz vorkommen. Die Grenzlinie geht
(wie beifolgendes Kärtchen zeigt) von Proſsmarke (an der Oſtgrenze) weſtwärts nach der Elſter
zu, überſchreitet dieſe für eine kleine Strecke, hält ſich dann etwas nördlich vom rechten Elbufer,
und ſtößt eine Meile von Wittenberg bei Rudersdorf auf die Anhaltiſche Grenze, mit welcher
ſie endlich südwärts bis zur Elbe zuſammenfällt. Das Hauptmerkmal iſt, daſs nördlich von
der bezeichneten Linie hūs und schwīn geſprochen wird, alſo der (dem Althochdeutſchen wie) dem
Altſächſiſchen eigne Lautſtand gilt, während man ſüdlich davon nach (mitteldeutſcher und) neu-
hochdeutſcher Weiſe haus und schwein hört — einzelne Schwankungen ſind ſowol nordōſtl. von
Wittenberg (Euper) als nordweſtl. von Schlieben bemerkbar. Etwas anders ſteht es mit den
Conſonantenverhältniſſen, bei denen noch ſpecieller getheilt werden muſs, nämlich im nördlichen
Theile zwiſchen dem beſonders durch den Flämiſch vertretenen eigentlich niederdeutſchen Gebiete,
wo man unter ie 100 Fällen kaum 9 hochdeutſche Eindringlinge zählen möchte, und einem vor-
zugsweiſe durch den Buſch repräſentierten ſprachlichen Vorlande deſſelben, in deſſen Mundart
wir ſtatt 91 nur etwa 60 ⅔ niederdeutſchen Lautſtandes antreffen. Die Scheidelinie zwiſchen
beiden Unterabtheilungen fällt von Oſten her etwa bis Körbitz ziemlich mit der politiſchen Grenze
zuſammen, und geht dann in der früheren Richtung weiter, bis ſie ungefähr bei Leeza die Haupt-
ſprachgrenze trifft. Am Weſtrande des Kurkreiſes bilden die Dörfer Straach und Berkau nebſt
Zubehör einen ähnlichen Vorbezirt gemischter Mundart.

Andrerſeits haben wir von dem ſüdlichen Hauptheile die nördlichſten Partien in ähnlicher
Weiſe als ein Vorland abzuzweigen, theils mit Rückſicht auf vereinzeltes Vorkommen ganz niederdeutſcher Vocalifierung, theils auch niederdeutſcher Conſonanten. In erſterer Hinſicht bilden
(wie oben erwähnt) die Dörfer nördlich und weſtlich von Schlieben einen beſondern Bezirk; in
der zweiten haben wir vor allem die Wittenberger Aue bis Selbitz und Pannichau ſüdlich zu
ſondern, wenn wir zunächſt ſ für z ins Auge faſſen; behnen wir unſre Regel noch auf p für
pf aus, ſo nähern wir uns ſüdlich ſogar der Mulde bis auf eine halbe Stunde. Leider fehlt
es mir ſehr an Angabe über die Partie zwiſchen Kemberg und Herzberg, namentlich über die
rechtsgelegene Aue zwiſchen Elbe und Elſter, ſo daſs hier noch viel nachzutragen ſein wird.

Die Frage liegt nahe und iſt daher auch bereits aufgeworfen worden: wie haben wir uns
dieſe ſo verſchiedenen Miſchungen von Elementen hochdeutſcher und niederdeutſcher Lautſtufe ent-
ſtanden zu denken? Die Antwort kann bei näherer Prüfung nicht zweifelhaft ſein: das rein
niederdeutſche Gebiet muſs ſich früher viel ſüdlicher erſtreckt haben, jene
Miſchungen ſind alſo Folgen des allmählichen Vordringens der hochdeutſchen Laute nach Norden,
beziehentlich Eindringens der ſchriftdeutſchen Formen in die niedern Schichten der Bevölkerung.

Der Gründe dafür find mehrere. Zuerſt (von unſerer Stadt und Zeit ganz abgeſehn) die ganz allgemeine Wahrnehmung, daſs urſprünglich bei allen germaniſchen Stämmen
niederdeutſche Conſonanz gegolten hat, dann zuerſt die oberdeutſchen Stämme allmählich in die
dritte Lautſtufe eingetreten ſind (wie noch allmählicher die Franken mitgezogen haben (man denke
an das Hildebrandslied); daſs auch das Niederſächſiſche in einigen Lautgebieten, (z. B. th-dh-d)
nach und nach dem Hochdeutſchen ſich gleichgeſtellt hat; daſs endlich auch in andern Gegenden
unſers deutſchen Vaterlandes (z. B. um Cöln) in ähnlicher Weiſe ein allmähliches Verſchlingen
niederdeutſcher Elemente durch (mittel- oder) hochdeutſche zu bemerken iſt — ganz abgeſehn von
dem notoriſch wachſenden Einfluſſe der Schriftſprache und Schule auf das Leben. — Zweitens

3

historisch begründete Erfahrung: in Straach lebt (wie oben angedeutet) das Bewußtsein, daß vor dem Fabrikwesen die Sprache der des Flämisch fast gleich war; in Dobin sagen nur die älteren Leute noch tu, tusammen und ähnliches; in Apollensdorf erinnern sich noch Viele, daß der verstorbene Schulze (und vermuthlich nicht er allein sondern nur er am längsten noch) pärd und päre zu sagen pflegte; im Winterschen Aufsatze wird ausdrücklich gesagt, daß dort lade, scherte, sitten nur noch verstohlen sich hören lasse neben laut, scherze, sitzen. Einzelne Wörter, deren Dasein niederdeutsche Aussprache andrer voraussetzt, sind gleichfalls ein Beweis für unsere Vermuthung; so wenn der Kutscher gleich dem Fläminger den wählerisch essenden kiälte nennt, obgleich er das einfache Zeitwort jetzt essen ausspricht. Ueberhaupt ist sehr zu beachten, daß die Sprache der Aue noch jetzt lexikalisch nicht wesentlich von der des Flämisch verschieden zu sein scheint, wenigstens mit dieser manche charakteristische Ausdrücke gemein hat, welche wie ich glaube in der Sprache der Wittenberger niedern Standes schon fehlen. Eine Probe letzterer findet sich übrigens bei Firmenich III, S. 505 f. Auch die oben erwähnte Eigenheit der Aue, anlautendes z in s zu erweichen deutet auf Entlehnung, wie zieren schwedisch sira, zierät holländisch sieraad geworden ist. —

Endlich und vor allen Dingen der Zustand der meisten nichtwendischen Ortsnamen. Hr Winter hat bereits darauf aufmerksam gemacht, daß die Namen Stolzenhain (d. i. Stolzenhagen) und Holzdorf von den Einwohnern Schlokenhoan und Ilolidorp genannt werden, obwol die jetzige Volkssprache hoan nie für hagen oder hain sondern nur für haln, nie stolt und holt sondern stets stolz und holz gebrauchen; daß Lüttgenseyda b. i. Klein Seyda in einer Gegend liege, wo jetzt kein Mensch mehr das echtniederdeutsche z. B. altmärksche lüttje kennt. Die Namen Eutzsch (aus wendischem Usizl) und Euper schrieb man früher Vizsch (noch 1533, während er 1555 zuerst mit eu vorkommt) und Yper; interessant ist daß sie jetzt vom Volke verschieden gesprochen werden, nämlich Eitsch und Yper — neben letzterem steht als der umgekehrte Fall Iscerbecka, gespr. Eiserbecke. — Ob Bitterfeld = bezzer velt ist, könnte bezweifelt werden; aber Mühlbeck bei Bitterfeld, Wittenberg selbst u. a. zählen jetzt keinen Einwohner mehr, welcher (wie es doch die Gründer der genannten Orte gewiß thaten) bek statt bach und wit für weiß sagte. Daneben fällt Herzberg durch sein z auf; bekanntlich bedeutet es (womit auch das Siegel stimmt) so viel als Hirschberg, von mhd. hirz, wie noch jetzt die Schweizer sagen, agf. heort, schwed. hjort. Aber wie weit muß erst der Gebrauch des p für f in alten Zeiten gereicht haben, wenn noch in Urkunden des 13. Jahrhunderts die jetzt auf — dorf endigenden Ortsnamen ziemlich bis zur Unstrut hin regelmäßig auf — dorp geendigt werden. Daß dieser Fluß in mehrfacher Hinsicht die Sprachgrenze bildet, jenseit derer sich der einst niederdeutsche Einfluß oder besser Rest aufhört, ist übrigens ganz in der Ordnung, da er schon in den ältesten Zeiten, wie man von der Scheidunger Schlacht her weiß, eine ziemliche Strecke weit Thüringen von Sachsen schied.

Ueberhaupt wird für die weitere Frage, wann das Niederdeutsch allmählich aus dieser oder jener Gegend nordwärts gewichen sei, ein Ergebnis nur aus der näheren Prüfung der Sprache der einheimischen Urkunden in Verbindung mit den bereits bekannten geschichtlichen Thatsachen zu gewinnen sein; die Urbarien und alten Gerichtsbücher der Städte unseres Kurkreises sind in dieser Hinsicht noch viel zu wenig durchforscht. Um aber ein Beispiel zu geben, welchen Anhalt dieselben gewähren können: für unser Wittenberg zeigen die Urkunden jener Art (Proben sind in der Beilage gegeben), daß noch 1354 eine kurfürstliche Urkunde vorwaltend niederdeutsch, von 1356 ab jedoch keine anders als mitteldeutsch mit bie und da eingemengten niederd. Formen abgefaßt wurde. Dagegen wurde das städtische Gerichtsbuch bis 1416 niederdeutsch geschrieben, von da ab hochdeutsch mit bie und da hervortretenden niederd. Anklängen. Der Wechsel der Handschrift zugleich mit dem Dialekte beweist, daß ein neu ins Amt tretender Schreiber das Hochdeutsche einführte; auch bei den Staatsurkunden folgte der Systemwechsel wol aus dem Personenwechsel, da 1356 der welterfahrne vielgereiste Kurfürst Rudolf II seinem alten Vater folgte. Aber sicherlich wäre nicht bis 1416 auf hiesiger Gerichtsstube plattdeutsch geschrieben worden, wenn die Wittenberger nicht mindestens bis dahin dieselbe Mundart geredet hätten. Vermuthlich noch viel länger, da erst seit 1423 Wittenberg und der Kurkreis seinen politischen Schwerpunkt außerhalb, nämlich in Altenburg, Dresden u. a. erhielt. Allerdings hat schon frühzeitig ein Schwanken zwischen Nieder- und Hochdeutsch begonnen; es beweisen dieß unter anderem die zahlreichen deutschen Familiennamen unserer Stadt, deren ich in der Beilage einige aus der nämlichen Quelle mitgetheilt habe.

Auf die von Hrn Winter aufgestellte Vertheilung der alten Gaue Plonim (Flämisch), Luzizl (Busch) und Nielzi (Aue) können wir unmöglich genauer eingehen. Nur soviel, Daß der flämisch das Niederdeutsche mit größerer Zähigkeit festgehalten als (die Aue und) der Busch, erklärt sich am einfachsten aus der mit guten Gründen unterstützten Vermuthung desselben Forschers, daß die Grenze zwischen beiden früher eben eine Volksgrenze war, indem der Flämisch von rein germanischen Colonisten eingenommen, die Wenden aber in die Buschsümpfe (eine Art Spreewald) gedrängt wurden, wobei sich die Deutschen anfangs nur vereinzelt verloren. „Während demnach auf dem Flämisch die deutsche Bevölkerung als ein in sich geschlossener Complex dastand und in seiner Sprache leicht jeden fremden Einfluß fern halten konnte, war im Busch deutsches Wesen mit wendischem untermischt und konnte darum leicht von äußeren Einflüssen durchbrochen werden. Diese Einflüsse kamen aber für die Sprache von zwei Seiten, von der Kirche und vom Staate". Schon von Altersher gehörten die Buschdörfer fast sämmtlich zum Meißner Sprengel, und als nun seit 1423 nach dem Aussterben der niederdeutschen Ascanier auch die weltliche Verwaltung des ganzen Kurlandes vom hochdeutschredenden Süden herkam: da konnte es nicht fehlen, daß die niederdeutsche Sprache unseres Gaues Schritt für Schritt zurückgedrängt wurde. Um die Mitte des 15. Jahrhunderts war das Wendische in der Wittenberger Gegend ausgestorben — obgleich bis in unser Jahrhundert von Studenten in Wittenberg zur Uebung wendisch gepredigt worden ist; im Osten des Kurkreises mag es sich viel länger gehalten haben. Nur 4 Stunden von der Ostspitze desselben ist das Gebiet entfernt, deren Bevölkerung heute noch wendisch redet, und nach der Erfahrung unserer Zeit nimmt man an, daß die Wendensprache „im allgemeinen mit jedem halben Jahrhundert um eine Meile zurückgedrängt werde" (R. Preußer).

Doch wir brechen hier ab. Die geschichtliche Forschung wird noch sehr viel zu thun haben, um, soweit es mit unsern Urkunden überhaupt möglich ist, die Sprachgeschichte unsers Landes aufzuhellen; unerläßlich aber erschien es, zu diesem und andern Zwecken einmal den Thatbestand der Gegenwart einigermaßen festzustellen. In den Hauptumrissen ist mir dieß vielleicht gelungen; hoffentlich wird es nicht an solchen fehlen, welche die hier angeregten Untersuchungen aufnehmen, weiterführen und durch wünschenswerthe Berichtigung und Ergänzung unsere Kenntnis von denjenigen Sprachverhältnissen sichern, welche auf unserm ganzen Planeten uns am allernächsten liegen.

Beilagen.

I. Zwei Urkunden aus dem Rathsarchive zu Wittenberg.

1. Herzog Rudolf zu Sachsen verkauft der Stadt W. den für das Kaufhaus daselbst zu zahlenden Zins und gibt dasselbe ihr zum freien Eigenthume — 1354.

Wy Rudolf. von der gnade goddes herczoge zu Sachsen bekennen vnde bethugen oppenbar yn disme oppene brife. Dat wy mit willen vnser herren vnses vater vnd mit rate vnser manne hebben vorkoft ledich vnde vrie gheghuen vnser stat tuo wittenberg den ouerghen let thu den icy hadden bouen achte mark dy de stat vore het. Indem kofhuse mit den buoden dy dar an gebuwet waren Mit al den steden tuisschen schovsternen vleyssachernen vnd brotseherrnen Also dat dy stat sich des vulle maken scal des besten wes sy mach. Disser ding sint thuge Her hans huser. Her Cone Rocge riddere. Cone von kuostede ller Joh's pape vnser vrouwen Capelan Vnd dat ey disse vore bescreuen dink stede vnde gans halden des hebbe wy dissen brif geuen besegelet mit vnsem angehanctem Ingesegel. Na goddes bort drelleynhundert Jar ja dem veire vnde vestegesten Jare an allerheyligen dayhe.

2. Herzog Rudolf II. von Sachsen (1356—1370) gibt den Schöngewandschneidern zu W. die Gerechtsame einer Gilde und trifft die nöthigen Strafbestimmungen. 1356.

Wir Ruodolf. von gotes genaden. Herczoge czuo Sachsin. des heyligen Ruomischen Rychs Erczmarschalk. Bekennen oflinlich mit desme brife. dat wir mit rate. vnd willen der hochgeborn. Wenczlawis. vnsers Bruoders. vnd Als. vnsers vettern. vnd vnser manne haben gegeben eyne ghuolde den dy da Schon gewant sulden czuo wittenberg. vnd dy yr guold gewynnen wollen. Dy suollen geben der stad eyne halb Marg vnd der guld eyn halb Mark Brandeb. silbers. Nymant sal schon gewant snidern. der eyn ander hantwerch hat. wer daz tote. der sal vorbuozzen der Stad mit eyner halben Mark vnd der guolde mit eyner halben Mark, vnd also dicke als er dat breche. so sal er dat vorbuozzen. Ouch sal nymant gewant snidern. er enhab eyn

lit in deme koufhuose, wer daz tete der *sal* vnd der guold, jalz hij vor ge-
schreben steyt. Iz suollen ouch, dy gewantmecher der Stad keyn ander gewand sniden, den
daz si selbe haben gemacht. Iz snollen ouch dy schon gewant Sniden keyn snoder gewant
sniden, wenn dy gewantmechere in der *Stad* machen. wer daz tete der *sal* daz vorbuozzen.
als hij vor *geschreben* stet: Wir muogen ouch dy vorge*schrebene* setzuonge vnd ordnunge
wandelen vnd vorkern nach vnsern willen an eczligen stuocken vnd an allen stuocken. wenne,
oder wy dikke wir wollen. Mit uorkuonde dytz brifis besigelt mit vnsern Ingesigele. Gegeben
tzuo *Wittenberg* nach gotes gebort dryczenhundert Iar. In dem Sechs vnd fumfczigesten Iare
an sent Philippi vnd Jacobi tage. (NB. für uo steht im Driginal u mit o darüber).

**II. Proben aus einem Pergamentcoder desselben Archivs, betitelt „Stadt Wittenberg:
Gerichts-Buch, darinnen allerhand Verzichten, Aufgaben vnd Donationes, auch
Erb- vnd andre Veraleiche — samt was sonst vor gehergehe Dingebank gehört,
von anno 1377 bis 1507."**

1377. fol. 2: Cunze — Kune. — Margaretha relicta *repnikens*. — (3) Claus schutzeberg. — Herman
Zcedil. — Claws prambalg vnd margrite syne eliche husfrawe synt gekomen vor gehelte bank vnd habin
gegebin hanse *muyhin* al yre *gudir* dy sy habin nach yrem tode vß genomen czen bemische schog, *det*
sy bede macht solen habin *thu* vorgebin wenne vnd werne sy wollin. — Sophia relicta p e c z Zydels etc. —
(4). Claws comes de Uper. — Bruderandorpp. — Jacobi *Holtwerders*. — Wolterus *Hognidorpp*. — Jacobus
de brote. — (7). Elizabet relicta petri Luthers. — (8). Eliz. relicta *dodengrefers*, — 1378. Tyle *Sml-
likendorp*. — Relicta *Lemcke Kokis* de Berlyn. — 1379. (12). Joh. *Diderlcstorpp*. — Frieze Fridach. —
Claws Zcaleman. — (13). Hermanni Gesszen. — Petrus merte de Dubbin. — Claus von *Cemerig*. — (14).
Thile Dobbrun. — Johannes uf der pferc. — Fleming. — (15). Hans *Schepbreker*. — Laurencius prae-
fectus de *pluckaß*. — 1381. Hans *pepin* fecit *Aerstinen* suae leg. ux. — (17). Heine Sirian von Hereze-
berch. — (18). Becker de Bryczen. — (20). Joh. Bursiend. — (21). Cune K r a p p e. — (22). Joh. de Lez.
— (23). Joh. Lez.
1385. 27. Fiederik *Bruuswik*. — Jacob Smed. 28. Lutze *piper*. — 30. Reynard *Stolle*. — 1384.
Merten *Dorwerder*. - 32. Hans hoczkop. — 33. Claws *Stuler*. Claws Coprnic. — 34. Georgina *pruliez*.
— Jacob *maltmeker*. — 35. Nicolaus *Kammerglther*. — 1388. Hans van Nymik. — *Boldeke* Becker vnde
Gese aln swester *hewln portalin* in orre stiff *mudir* bant gesin — di *boldeke* beckirs husfruuwe ist ge-
wesin alle dat on *angestorfen* ist ran oren radere. — 1389. F. 35: Aleid relicta Joh. burmeisters. — Hans
hokeveal. — *Wedephe Hollschbuncker*. — Wilke *kopperstleger*. — Claws melswig. — 37. Mertin *Voggahl Scroder*.
1390. Hans Kleplez. — 39. Claws *kok* de Worllez. — 41. Kune *Bukkoll*. — 1391. F. 42. Nicolay
von der beide. — 1392 f. 48. Nicolai *Smedin* de *Wardimberg*. — 51. Böse gertrud. — Hans Morgane. —
Mathias *fenstirmekir*. — Hans *Dodtugerer*.
1400. f. 64: Laurenz *yserbeke*. — Hans von der Elster. — Mertin *Lercke*. Pawel rimsleger. — 68.
Ffrone relicta Johannis ho l e z schumekir. — 70. Peter *Edenhagen*. — Hans Tus. — Jan Scherer. — 1407.
f. 71. Mathis *lymmermern*. — 72. Hans *byrtoger*. — 74. Sanne *vp dem garden*. — 77. *Wilke* von bieser.
— Merten *kistemekir*. — Vogil Lebemann de Brandys. — 85. Peter *fröuderuich*. — 90. Pannekow. — Petrus
Cynsedeler. — 92. Mathei *Corlenom*. — Claws Calow. — 95. *Sterfet er nycolaws pluckaff eyt wen tyle
syn bruder so solen dy drysik schog billen tyle pluckaffe etc. — In belairende alle yar up vasienach-
ten. — drilllich bemische schog thu geben etc*.
F. 95. Pacta sunt hec anno dm. M. cccc. XVI. f. 96: Hans *Sarnsebeke* ist gekommen vor gebrecher
bank vnd hat *gemakt* ugalen syner *dachter* III bemische schok vor yrer muter *rude* an den syme erbe
vnd redesten *gudern*. — Henze von Trebicz ist gekumen vor gehelter bank vnd hat *gemakt* ylseblein syner
elichen husfrawen die helfte al syner *guder* nach syme tode. — Balthasar messersmel vor gehelter bank
hat *gemakt* katherinen syner *dachter* V bemische schog — vor yrer *mudir* rude an syme erben vnd an
syne redesien *gudern*. — Ffrone dy Claws von *Akenyune* vor gehelter bank hat *gegeben* Claws von *Akenne*
yrem elichen manne al dy *guder* die ir synt angestorben von todes wegin Hans *holezmekers* yrs sons.
Fol. 96a (von andrer hand). Jutthe die bannos selphenuygynne ist gekomen vor gebrecher
bang vnd hat vorlasen alles angefelles vnd gerechtikeit die yr angestorben ist von yrer muter der Andrens
prambalgynnen vme alle guttere die der Andrens prambalgynnen angestorben waren etc. — 96b: Hannes
messersmet vor gebegether bang hat agathan seyner Elichen busfrauwen etc. — Claus Kbone vor gebrgetheme
dinge mit wolmedachtem mute vnnd hi gesunden liebe der hat vnnn gotishuse der pfarrenkirchen gegebin
von der bant vnd uff gelasen sein hus ane wedderspruch. — Die gotishuslute habn ynl wedder gelobet vnd
gelegen die wonunge dor yn czu haben di wile das si beide; mau vnd welp leben vnd ouch solen sie ym
vorwesen am geschosse an der wache vnd an den thore zcu siczeren die wiele das sie dar Inne wonen etc.
1506. (foles Blatt). Thoes matthias vono Brüllz vnnd George Wolffschmidt haben entpfangen XII H.
die zugeherende, den zwnen swesterern Regina vnd kat-ne gnant Tlas swester vnd gedachten George frawen
swester, so yne von pawel Voit Irer muter bruder sellig angesturb in seyn, vnnd habenu geredt vnd
gelobt, den Rathe zu Wilt, gegen gnar. beden swesterern Iren erben vnd erbie auch gegen Jedermeynig-
lichen zu vertreeten vnd zu vertheidingen hirbey vnd über sein gewest Steffan Richter der *gewantmecder*.
Peter Donat, Simon Richier, Christoff Schorer, Valien *Kersling*, Actum anno domine c. terlio am dinstag
nach Trinitatis, bei Bmr Hanns Crappen vnnd seynen Ratsfreunden. 1506.

DIE SPRACHGRENZEN IM KURKREISE.

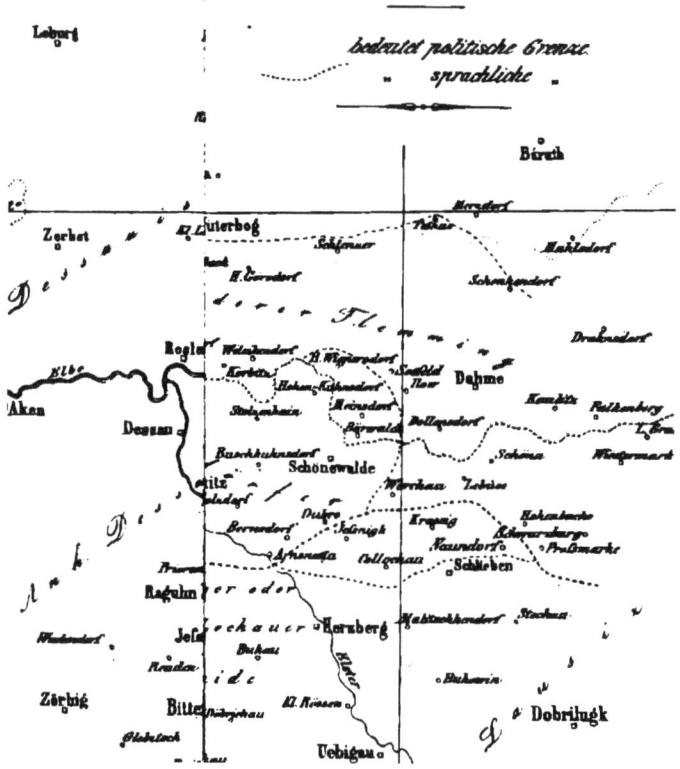

Schulnachrichten

von Ostern 1861 bis Ostern 1862.

I.

Chronik der Schule.

Der Gymnasialbau ist im verflossenen Jahre in ein neues, nun hoffentlich bald zum Ziele führendes Stadium getreten. Während nämlich früher der Plan eines Umbaues des alten Gymnasialgebäudes festgehalten wurde, hat sich der Wohll. Magistrat nun, mit Rücksicht sowohl auf die grosse Schwierigkeit in der Unterbringung des Gymnasiums während des Umbaues als besonders auf die Mangelhaftigkeit der durch den Umbau selbst zu gewinnenden Räumlichkeit, zu einem Neubau an einer neuen Stelle entschlossen und diesen Beschluss dem Unterzeichneten unterm 23. April v. J. mitgetheilt. Als bald darauf den 24. Mai der Herr Geheime Ober-Regierungsrath Knerk aus Berlin in dieser Angelegenheit zu uns kam, erklärte er sich vollkommen mit dieser Ansicht einverstanden und bezeichnete nach einer Besichtigung der zum Gymnasialbau angebotenen Häuser und Plätze das in der Nähe der Communalschule gelegene Bregensche Haus als das zweckmässigste. Im Verlaufe des Sommers zeigte sich aber Gelegenheit zur Gewinnung einer noch geeigneteren Localität; des Glöcknerschen Hauses in der Bürgermeistergasse. Für dieses entschied sich das Comité für den Gymnasialbau in den am 9. Sept. und am 23. December auf dem Rathhause abgehaltenen Conferenzen, und auch die städtischen Behörden haben bereits ihre Zustimmung dazu ausgesprochen. Ob nun freilich und wann dieser Beschluss zur Ausführung kommen wird, das hängt davon ab, ob und wie bald einestheils der Ankauf jenes Grundstückes selbst und anderentheils die vom hiesigen Magistrate eingeforderten Vorschläge über das Kostenbeitragsverhältniss aus der Kämmereikasse und dem Fiscus die Genehmigung des Königl. Ministeriums erhalten werden.

Das gegenwärtige Schuljahr begann den 9. April und wird den 11. April geschlossen werden. In dem Organismus der Anstalt trat die Aenderung ein, dass Ober- und Unter-Tertia wieder (s. Progr. 1859 S. 17) räumlich getrennt wurden. Das neue Classenzimmer, das dazu erforderlich war, wurde durch die Verlegung der Bibliothek in ein Local der Communalschule gewonnen, der neue Lehrer in der Person des Herrn Schulamts-Candidaten Spangenberg, der sein Probejahr hier abhält und zugleich mit der provisorischen Verwaltung des Ordinariats von Serta betraut wurde, während der ordentliche Lehrer Dr. Wentrup das Ordinariat von Unter-Tertia, der ordentliche Lehrer Knappe das von Quarta und der Dr. Winter das von Quinta erhielt. Die definitive Anstellung des letzteren als erster Adjunct geschah am 1. Juli, die des Schulamts-Candidaten Müller als zweiter Adjunct den 10. Juni, die Vereidigung derselben durch den Herrn Bürgermeister Scholarchen Steinbach in Gegenwart des Unterzeichneten den 2. December und den 18. September¹). Da aber durch die Anstellung von immer nur Einem neuen Lehrer für die seit Ostern 1853 errichteten 3 neuen Classen immer ein Ueberschuß von nicht gedeckten Stunden geblieben war, so wurde nun ein Hülfslehrer für die Besorgung derselben nötig. Im ersten Semester hatten wir hiezu die Aushülfe zweier bereits geprüfter Schulamts-Candidaten, der Herren Buchholtz und Mühlpfordt, die damit zugleich die Ablegung ihres Probejahrs verbanden, und als diese zu Michaelis nach Salzwedel und Schneidemühl abgingen, übernahm die Lectionen, zugleich ebenfalls als Probe-Candidat, der Herr Schulamts-Candidat Trautmann, der im Verlaufe dieses Semesters noch die Prüfung pro fac. doc. bestand und sich bald darauf auch den philosophischen Doctorgrad erwarb. — Am 12. Mai als an dem Tage, an welchem der Unterzeichnete vor 25 Jahren sein Directorat, zunächst am Gymnasium zu Friedland in Mecklenburg-Strelitz, antrat, hatte er die Freude, ein unerwartetes Schreiben von seiten des Kgl. Provinzial-Schul-Collegium zu erhalten und zugleich durch zwei Gratulationsschriften begrüßt zu werden, von denen ihm die eine das hiesige Lehrercollegium überreichte mit einer Lat. Widmung des Herrn Professor Wensch und einer Abhandlung desselben „Aquilae Romani de figuris sententiarum et elocutionis liber", sowie einer andern des Herrn Dr. Bernhardi „Die Anschauung des Seneca vom Universum dargestellt nach den vorhandenen Quellen" beide von einem ehemaligen Zöglinge der hiesigen Anstalt, dann seinem Collegen und seit Mich. 1842 Nachfolger am Friedländischen Gymnasium, dem Herrn Director Dr. Unger zugesandt wurde mit einem Lat. Zueignungsgedicht und einer „Epistola de Varrone Ataclno."

Die Gefahr, den Herrn Dr. Wentrup durch Annahme einer vortheilhafteren Stelle im Preuß. Vaterlande zu verlieren, wurde durch die gütige Fürsorge des Königl. Ministeriums abgewendet; leider werden wir aber im nächsten Programm den nur zu gewissen Verlust eines anderen Collegen zu beklagen haben. — Auch in diesem Jahre aber gebietet uns die Pietät, hier, wo von dem Lehrercollegium die Rede ist, eines Mannes zu gedenken, der demselben früher angehörte und nun als der letzte von den drei Begründern der Pforte,²) die hier einst so segensreich zusammenwirkten und den Ruf der Schule begründeten, ebenfalls heimgegangen ist. Es ist der Professor Dr. Gregor Wilhelm Nitsch, geb. zu Wittenberg den 22. November 1790, wo er auch, in Schulpforta vorbereitet, studirte. Nachdem sein Deutscher Patriotismus ihn getrieben hatte, an dem ersten Feldzuge der Freiheits-Kriege als Lieutenant im Sächsischen Landwehrbataillon Theil zu nehmen, ward er Conrector an dem hiesigen damaligen Lyceum von Mich. 1814 bis 1815, ging dann an das Zerbster Gymnasium und kehrte von diesem 1820 wieder als Conrector hierher zurück, wo er nun in dieser Eigenschaft 6¼ Jahre blieb. In den beiden letzten Jahren hatte der Unterzeichnete das Glück, sein jüngerer College zu sein und als solcher schon seine Freundschaft, die er ihm sein Leben hindurch bewahrt hat, zu genießen. Ostern 1827 folgte er einem Rufe als ordentlicher Professor der Philologie nach Kiel. Hier 24 Jahre hindurch einer der gefeiertsten Lehrer der Universität, bewies er seine Deutsche Gesinnung im J. 1848 dadurch, daß er, als dem Herzoge von Augustenburg einen Dänischen Orden genommen wurden, mit anderen Professoren auch sie seinigen an den König zurückschickte. In Folge dessen 1851 bei der Uebernahme Holsteins seines Dienstes entlassen, erhielt er schon im nächsten Jahre einen Ruf als Professor der Philologie nach Leipzig, wo er 9 Jahre hindurch rastlos lehrend und schreibend³) für die Wissenschaft wirkte, bis er am 22. Juli 1861 plötzlich mitten in der Erfüllung seines Berufes durch einen Gehirnschlag von seiner irdischen Thätigkeit abgerufen wurde.

¹) Dr. Ferdinand Winter, geb. 1829 zu Naumburg und auf dem dortigen Gymnasium vorgebildet, studirte von Mich. 1848 bis Mich. 1853, in dem letzten Jahre zugleich eine Hauslehrerstelle verwaltend, in Halle Philologie und Geschichte, wurde dann Lehrer an dem von Dr. Hanschild neugegründeten modernen Gesammtgymnasium zu Leipzig, Neujahr 1854 Lehrer an der Lehr- und Erziehungsanstalt des Dr. Krause in Dresden, und kam von hier aus Mich. 1860 an unser Gymnasium.

Adolf Müller, geb. 1846 zu Schlieben, vorgebildet auf dem Gymnasium zu Lucka, studirte von Ostern 1857 bis Ostern 1860 Mathematik und Naturwissenschaften in Halle und trat dann sogleich bei uns ein.

²) Spitzner († 1841) und Wunder († als Professor zu Meißen 1859) waren die beiden anderen.

³) Außer einer Anzahl von Programmen, die sich vorzugsweise auf die Homerische Frage, in welcher seine Stimme von besonderem Gewichte war und bleiben wird, beziehen, hat er als die beiden Hauptwerke seiner wissenschaftlichen Thätigkeit in Druck erscheinen lassen: Erläuternde Anmerkungen zu Homers Odyssee, B. 1—12 in 3 Bänden 1826—1840, und: Die Sagenpoesie der Griechen kritisch dargestellt. 602 S. 1852.

Wir hatten im Verlaufe des verflossenen Jahrs zweimal die Ehre, den Herrn Schulrath Dr. Heiland bei uns zu sehn: zuerst zur mündlichen Abiturientenprüfung, die am 14. März unter seinem Vorsitze abgehalten wurde, dann im Herbst zur Revision des Gymnasiums. Der Herr Schulrath besuchte bei diesem zweiten Besuche die Classen in sämmtlichen Lectionen, die von Dienstag Nachmittag den 12. Nov. bis Donnerstag Nachmittag, einschließlich Mittwoch Nachmittag von 2—4 Uhr, nach seiner Anordnung abgehalten wurden, und hielt dann eine dreistündige Schluß-Conferenz mit den Lehrern, nach allen Seiten hin anregend und auf die letzten Ziele des Gymnasiums hinweisend.

Von den 15 hiesigen Primanern, die sich am Schlusse des vorigen Schuljahres der Maturitätsprüfung unterzogen, konnten, mit Rücksicht auf ihre schriftlichen Prüfungsarbeiten und früheren Leistungen, zwei von der mündlichen Prüfung entbunden werden: Heinrich Lutze und Georg Steinbach, von denen der letztere überdies eine fleißige Lat. Privatarbeit „Tiberii et Caji Gracchorum seditiones" als Valedictionsschrift eingereicht hatte. Von den mündlich Geprüften wurden 8, also im Ganzen 10 für reif erklärt. Es waren folgende:

1. Heinrich Lutze, geb. zu Niemegk, Sohn des dortigen Webermeisters L., 19½ J. alt, 5 J. auf dem hiesigen Gymnasium, 2 J. in Prima, 1½ J. in Ober-Pr. Er studirt Philologie in Berlin.
2. Georg Steinbach, geb. zu Jüterbog, Sohn des Bürgermeisters St. zu Wittenberg, 19½ J. alt, 9½ J. auf dem hies. G., 2 J. in Prima, 1 J. in Ober-Pr. Er studirt Jura in Halle.
3. Johannes Mänß, geb. zu Rackith bei Wittenberg, Sohn des dortigen Pastors M., 19 J. alt, 8½ J. auf dem hies. G., 2 J. in Prima, ½ J. in Ober-Pr. Er studirt Theologie in Berlin.
4. Adolf Jakobi, geb. zu Eckartsberga, Sohn des Superintendenten J. zu Seyda, 20½ J. alt, 8½ J. auf dem hies. G., 2 J. in Pr., ½ J. in Ober-Pr. Er studirt Medizin in Berlin.
5. Friedrich Heberling, geb. zu Wittenberg, Sohn des Gendarmen H. zu Wernigerode, 18 J. alt, 5 J. auf dem hies. G., 2 J. in Prima, ½ J. in Ober-Pr. Er trat ins Preuß. Ingenieur-Corps.
6. Friedrich Stolle, geb. zu Jüterbog, Sohn des Klempnermeisters St. daselbst, 19½ J. alt, 6 J. auf dem hies. G., 2 J. in Prima, ½ J. in Ober-Pr. Er studirt Theologie in Halle.
7. Hermann Schöber, geb. zu Ossig bei Zeitz, Sohn des Pastors Sch. zu Rahnsdorf bei Zahna, 19½ J. alt, 6½ J. auf dem hies. G., 2 J. in Prima, ½ J. in Ober-Pr. Er studirt Theologie in Halle.
8. Karl v. Schwerin, geb. zu Schwerinsburg bei Anklam, Sohn des Kgl. Kammerherrn Grafen v. Schw. auf Schwerinsburg, 17 J. alt, 4½ J. auf dem hies. G., 2 J. in Prima, ½ J. in Ober-Pr. Er studirt Jura in Heidelberg.
9. Friedrich Michaelis, geb. zu Wittenberg, Sohn des Tischlermeisters M. daselbst, 18½ J. alt, 9 J. auf dem hies. G., 2 J. in Prima, ½ J. in Ober-Pr. Er studirt Theologie in Halle.
10. Karl Sichting, geb. zu Borken in Westphalen, Sohn des Stabsarztes S. daselbst, 21½ J. alt, ½ J. auf dem hies. G., 5½ J. in Pforta. Er wollte Philologie und Geschichte in Berlin studiren.

Die feierliche Entlassung dieser 10 Abiturienten fand am Nachmittage des 21. März Statt. Es traten hiebei von den Abiturienten auf: Lutze mit einer Lateinischen Rede: Cur Graeci Demosthenis aetate pristinam majorum libertatem obtinere non potuerint, Steinbach mit einer Lat. Ode: Antigona moritura, Mänß und Sichting mit Deutschen Reden: Ueber den Nationalhaß, und: Friedrich von Hohenzollern, der erste Kurfürst von Brandenburg, von Schwerin mit einer Franz. Rede: Les Jansénistes. Im Namen der Zurückbleibenden rief ihnen der Primaner Treff ein Lebewohl zu, das sich an ein Gedicht anschloß: Gustav Adolfs Abschied von Schweden. Die Entlassungsrede des Unterzeichneten war zugleich die Festrede zur Vorfeier des auf den folgenden Tag fallenden Geburtstages Sr. Majestät des Königs Wilhelm I: „Mahnruf an die Jugend zur Nachahmung der Tugenden, welche Tacitus an unsern Voreltern rühmt."

Die im Laufe des Schuljahrs vorgekommenen Feierlichkeiten waren außer der gemeinschaftlichen Abendmalsfeier bald nach dem Beginne der Schule zu Ostern und Michaelis folgende:

1) **Vorfeier zum Krönungstage Sr. Majestät des Königs am Nachmittage des 17. Octobers** im Kreise der Lehrer und Schüler und in Gegenwart des Königl. Commissarius des Gymnasiums Herrn D. Schmieder und des Scholarchen Herrn Bürgermeisters Steinbach, wobei Herr Dr. Wentrup die Festrede hielt, in welcher er zeigte „welche Erinnerungen und Hoffnungen dieser Tag in uns erwecke und zu welchen Vorsätzen er uns veranlasse."

2) **Vorfeier des Reformationsfestes den 30. October Abends 5½ Uhr:**
1. Gesang: Sehr groß Herr ist die Huld.
2. Vorträge von 11 Primanern:
   Otto Schwartz: In wie fern hat das Studium der classischen Litteratur die Reformation vorbereitet? Rede.
   Wilhelm Brandt: Landes Sickingii. Rede.
   Otto Richter: Erasmus und sein Verhältniß zur Reformation. Rede.
   Albert Schmidt: Ad tumulum Ulrici Huttenii. Ode.
   Gustav Strien: Quid Melanthon ad sacra emendanda contulerit. Rede.
   Hermann Hammer: Gustav Adolfs Tod. Gedicht.
   Heinrich Meusel: Λοιδορῇ παρ' Ἀλεξίῳ ἑταίρῳ τεθνεῶτι ἰσταῖς. Ode.
   Georg Grase: Vitam Lutheri perpetuam quasi quandam militiam fuisse. Rede.
   Alexander Gürtler: Friedrichs des Weisen Stellung zur Reformation. Rede.
   Gerhard v. Niebuhr: Lutherus divinitus per multa discrimina rerum ad finem propositum ductus. Ode.
   Paul Treff: Johannes Huß. Gedicht.
Gesang: Motette von Grell: Gott, gieb Fried' in deinem Lande ꝛc.

3) **Vorfeier des Geburtstages Sr. Majestät des Königs den 21. März Abends 6 Uhr.** Herr Dr. Winter wird die Festrede halten.

II.

Schreiben und Verfügungen des Königl. Prov.-Schul-Collegiums.

1) Circular vom 16. März, enthaltend die Mittheilung eines Erlasses des Herrn Unterrichts-Ministers an sämmtliche Königl. Prov.-Schul-Collegien vom 5. März des Inhalts: „Da hinsichtlich der Anrechnung der Studienzeit, welche studirende Inländer auf Oesterreichischen Universitäten zugebracht haben, auf das Triennium resp. Quadriennium academicum nicht überall gleichmäßig verfahren worden ist, so wird auf den Wunsch der Kaiserl. Oesterreichischen Regierung darauf aufmerksam gemacht, daß die über den Besuch ausländischer Universitäten bestehenden Vorschriften auch auf diejenigen Oesterreichischen Hochschulen in den zum Deutschen Bunde gehörigen Landestheilen Anwendung finden, welche mit den, den Deutschen Hochschulen eigenthümlichen Facultäten ausgestattet sind und bei welchen wenigstens den ausländischen Studirenden der Besuch sämmtlicher Vorlesungen, insbesondere auch bei einer anderen Facultät, als bei welcher sie inscribirt sind, freisteht und hinsichtlich der Auswahl der Docenten die Studirenden keinerlei Zwang unterliegen. Die eingezogenen Erkundigungen haben ergeben, daß die Universitäten zu Wien und Prag vollständig, die zu Graz und Innsbruck mit der Maaßgabe, daß eine medicinische Facultät daselbst nicht besteht, ganz so wie die übrigen Deutschen Universitäten organisirt sind. Demnach wird bestimmt, daß unter Aufrechterhaltung der Allerhöchsten Ordre vom 30. Juni 1841 — nach welcher Studirende, die dereinst eine Anstellung im Staatsdienst oder die Approbation als praktischer Arzt erhalten wollen, in der Regel mindestens drei Semester auf Preußischen Universitäten studirt haben müssen — die auf den genannten Oesterreichischen Universitäten zugebrachte Studienzeit auf das vorschriftsmäßige Triennium resp. Quadriennium anzurechnen ist und das hiervon nur hinsichtlich der Studirenden der Medicin die Universitäten Graz und Innsbruck ausgeschlossen sind."

2) Circular vom 22. April: Erinnerung an die Anordnung des Herrn Unterrichts-Ministers vom 7. Januar 1856, daß die philosophische Propädeutik zwar nicht mehr als ein besonderes Unterrichtsfach anzusehen sei, daß aber der wesentliche Inhalt derselben, namentlich die Grundlehren der Logik, nach wie vor im Unterricht der Prima seine Stelle finden und zu dem Zwecke demjenigen Unterrichtsgegenstande, mit welchem Lehre und Uebung der philosophischen Propädeutik sich am leichtesten verbinden läßt, eine Stunde wöchentlich zugelegt werden solle. An den meisten Gymnasien seien in Folge dessen die Deutschen Lectionen in Prima

um eine vermehrt worden, nur an zweien sei dies nicht geschehen. (Zu diesen beiden gehörte auch das unsrige. Wir hatten seit Ostern 1845 eine Stunde zu Lat. Metrik und Versification verwendet, und den philosophischen Unterricht hatte der Lehrer der Deutschen Sprache bloß den jedesmaligen Abiturienten des Jahrs in Extra-Stunden ertheilt. In Folge jenes Rescripts hat nun auch bei uns der Deutsche Unterricht in Prima 3 Stunden erhalten und die Lat. Verskunst muß beiher getrieben werden).

3) Vom 25. April: Mittheilung der Absicht des Königl. Unterrichts-Ministeriums, mehrere der Zeitschriften, welche Dasselbe bis-dahin an die höheren Lehranstalten vertheilt habe, da die Kosten für dieselben allmälig eine unverhältnißmäßige Höhe erreicht hätten, denselben zu entziehen, und im Anschluß daran ward uns durch Rescript vom 28. Januar d. J. mitgetheilt, daß für unser Gymnasium die Zusendungen von Crelles (jetzt Borchardts) Journal für Mathematik, Haupts Zeitschrift für Deutsches Alterthum und von Welcker-Ritschls Museum als Geschenke des Königl. Ministeriums von jetzt an aufhören würden.

4) Circular vom 21. Juni: Einladung junger Schulmänner zur Theilnahme an dem mit dem 1. October beginnenden sechsmonatlichen Cursus der Central-Turnanstalt zu Berlin.

5) Circular vom 29. Juni: Mittheilung eines Rescripts des Herrn Unterrichts-Ministers an sämmtliche Prov.-Schulcollegien vom 24. Juni mit der Aufforderung, die Directoren der Gymnasien, Progymnasien und Realschulen zu einer Zusammenstellung der historischen Verhältnisse der einzelnen Schulen zu veranlassen. (Für unser Gymnasium hatte Herr Oberlehrer Stier die Güte eine solche Zusammenstellung mit gewohnter Genauigkeit anzufertigen).

6) Vom 15. Juli: Mittheilung der Genehmigung des Herrn Unterrichts-Ministers zur Vertheilung von 472 Thlr. der Ueberschüsse der Gymnasialkasse vom Jahre 1861 unter das Lehrercollegium sowie zur Verwendung von 20 Thlr. zu Prämien und von 9 Thlr. 17 Sgr. zur Vermehrung der Schüler-Bibliothek. (Da von Ostern 1861 an die Besoldung der oben erwähnten neu gegründeten Lehrstellen ganz aus der Gymnasialkasse bestritten wird, so wird von jetzt an schwerlich noch auf Ueberschüsse in derselben zu rechnen sein).

7) Vom 4. August: Mittheilung des Urtheils der Königl. wissenschaftlichen Prüfungs-Commission zu Halle über das Ergebniß der hier zu Ostern v. J. abgehaltenen Abiturienten-Prüfung.

8) Circular vom 3. September: Aufforderung, für die inländischen Gymnasien drei Programme mehr, also 232 Exemplare einzusenden (für die auswärtigen bleibt die Zahl der Exemplare 167).

9) Circular vom 30. November: Mittheilung eines Rescripts des Herrn Unterrichtsministers vom 31. Oct., welches den Zweck hat, den Uebelständen vorzubeugen, die aus der Bestimmung entstehen können, daß die Berechtigung zum einjährigen Militärdienst von einem mindestens halbjährigen Aufenthalt in der Secunda abhängig gemacht wird. Die Versetzung nach Secunda soll mit Strenge und ohne alle Rücksicht auf den gewählten künftigen Beruf des Schülers vorgenommen werden, und in den Abgangszeugnissen der nach dem ersten halben Jahre aus dieser Classe Abgehenden soll ausdrücklich bemerkt werden, ob der betreffende Schüler sich das bezügliche Pensum der Secunda gut angeeignet und sich gut betragen hat. Abgangszeugnisse, welche sich über den Stand der erworbenen Kenntnisse sowie über Fleiß und Betragen ungünstig aussprechen, werden von der Departements-Prüfungs-Commission nicht als genügend angesehen, und es wird noch eine nachträgliche Prüfung abgehalten werden.

10) Vom 2. December: Genehmigung des vom Herrn Dr. Becker ausgearbeiteten und nach vorhergegangener Besprechung in der Lehrerconferenz unterm 5. August eingesandten Lehrplans für den Deutschen Unterricht.

11) Vom 3. December: Bescheid über die von dem Herrn Schulrath abgehaltene Revision des Gymnasiums.

12) Circular vom 14. December: Mittheilung eines Rescripts des Herrn Unterrichts-Ministers vom 5. December: Da die theologischen Prüfungs-Commissionen seit längerer Zeit die Wahrnehmung gemacht haben, daß es den Candidaten häufig an der erforderlichen Sicherheit und Fertigkeit im mündlichen Gebrauche der Lateinischen Sprache fehlt, so soll in die Maturitätszeugnisse zum Studium der Theologie übergehenden Gymnasialschüler die Mahnung aufgenommen werden, „auf der Universität die philologischen Studien überhaupt und die Uebungen im lateinisch Schreiben und Sprechen im Besonderen nicht zu vernachlässigen".

13) Circular vom 20. Januar: Zusendung eines Exemplares des Statutes des mit dem Pädagogium des Klosters Unsrer Lieben Frauen zu Magdeburg verbundenen Candidaten-Convicts (Druck von Bänsch jun. in Magdeburg) mit der Aufforderung, diejenigen Abiturienten, welche

sich dem Studium der Theologie oder Philologie widmen wollen, unter besonderem Hinweis auf die in §. 2 und 4 enthaltenen Bestimmungen, auf den Convict aufmerksam zu machen. Der Inhalt jener beiden §§. ist folgender: §. 2: „Der Convict ist vorzugsweise für Candidaten der Theologie bestimmt, welche das Zeugniß pro licentia concionandi mindestens mit dem Prädikate gut erworben haben müssen und Willens sind, sich dem höheren Schulfache auf mehrere Jahre oder für immer zu widmen. Es können jedoch auch Candidaten der Philologie, welche Neigung und inneren Beruf zur Ertheilung des Religionsunterrichtes haben, Aufnahme finden, besonders wenn sie auf der Universität schon theologische Studien getrieben haben". §. 4: „Die Bewerbung um Aufnahme geschieht schriftlich und ist an den Geistlichen Inspector unter Beifügung des Abiturienten- und Universitätszeugnisses, sowie einer lateinisch oder deutsch geschriebenen Skizze des Lebens- und Bildungsganges des Bewerbers zu richten. Die Candidaten der Theologie haben das in der ersten theologischen Prüfung erworbene Zeugniß beizufügen. Es gereicht ihnen zu besonderer Empfehlung, wenn sie auf der Universität philologischen, historischen und philosophischen Studien nicht fremd geblieben sind". Die Beschäftigungen der Candidaten bestehen nach §. 9 „in theologischen und solchen allgemein wissenschaftlichen Studien, die mit den Aufgaben des Unterrichts und der Erziehung einen unmittelbaren Zusammenhang haben, außerdem in praktischen Uebungen" und es sind nach §. 10 zu diesem Zwecke „neben dem Geistlichen Inspector, für die specielle Fortbildung der Candidaten in den historischen und sprachlichen Disciplinen des Gymnasial-Unterrichts, zwei philologische Lehrer am Convict beschäftigt." Die äußeren Vergünstigungen sind nach §. 3 freie Wohnung, Mittags- und Abends-Beköstigung, Bedienung, für jeden ein Geldstipendium von monatlich 10 Thlr. und für sehr bedürftige Candidaten auch noch außerordentliche Unterstützungen. Der Aufenthalt im Convict ist auf 1½ bis 2 Jahr bestimmt. Der nächste Vorgesetzte der Candidaten ist der Geistliche Inspector, der gemeinsame aller am Pädagogium Lehrenden und Lernenden der Probst und Director des Klosters.

III.
Lehrverfassung.

Da der Lehrplan im verflossenen Schuljahre unverändert geblieben, die wöchentliche Stundenzahl aber für die Lehrgegenstände und die Vertheilung derselben unter die Lehrer in den beiden Tabellen angegeben ist, so begnügen wir uns, nur die wissenschaftlichen Pensen, die Lectüre und die freien Arbeiten, namentlich in den oberen Classen, namhaft zu machen.

1. Religion.

Prima: Die Glaubenslehre, angeknüpft an den ersten, in Hollenbergs Hülfsbuch aufgenommenen Theil der Augsburgischen Confession, die Sittenlehre und Pauli Brief an die Römer.

Secunda: (Ober- und Unter-Secunda combinirt): Geschichte der göttlichen Offenbarungen in der Bibel, und Erklärung der Bergpredigt nach dem Grundtexte.

2. Deutsche Sprache.

Prima: Lectüre des Laokoon von Lessing nebst schriftlicher Inhaltsangabe von Seiten der Schüler. Logik. Geschichte der neueren Deutschen Litteratur in biographischen unter die Schüler selbst vertheilten freien Vorträgen.

Die Themata zu den freien Arbeiten waren, für die erste Abtheilung: 1) Principiis obsta! (Chrie). — 2) Die Licht- und Schattenseiten des Krieges. — 3) a. Erinnerung und Hoffnung. — b. Karthago mußte nicht zerstört werden. — 4) Warum ist die Athenische Geschichte anziehender als die Römische? — für die zweite Abtheilung: 5) Wie unterscheidet sich die Darstellung der Affecte bei den bildenden Künstlern von der Darstellung derselben bei den Dichtern und aus welchem Grunde? (nach Lessings Laokoon). — 6) Die Weltgeschichte eine Lehrerin des Lebens. — 7) Ueber den Einfluß der Kreuzzüge auf die Entwickelung des Abendlandes. — 8) a. In wiefern enthält Lessings Minna von Barnhelm eine Verherrlichung Friedrichs des Großen? b. Charakteristik der beiden Brüder in Schillers Braut von Messina. — für beide Abtheilungen gleich in der Classe: 9) Welchen Einfluß hat die Lage und Beschaffenheit ihres Landes auf die geschichtliche Entwickelung der Griechen ausgeübt? — 10) Ueber den

Einfluß der Nationalspiele bei den Griechen. — 11) Die Wurzel der Bildung ist bitter, aber ihre Frucht ist süß.

Ober-Secunda: Ueber die Dichtungsgattungen, und Dispositionsübungen. Lectüre: Göthes Göz von Berlichingen, Schillers Maria Stuart, Macbeth, Bruchstücke aus den kleineren Abhandlungen und aus den historischen Schriften desselben.

Die Themata zu den freien Arbeiten waren: 1) Der Morgen — 2) Aeneas Flotte im Sturm nach Aen. I. poetisch behandelt. — 3) Ueber Göthes Göz, an einzelne vertheilt: a. Was nimmt Weislingen für eine Stellung zum Ganzen ein? b. Worin liegen die Conflicte in Göthes Göz? c. In welchem Verhältniß zum Ganzen steht der in das Stück verwebte Bauernkrieg? d. Was nimmt Göz für eine Stellung ein? e. Bruder Martin ist Luther. — 4) Ueber Eumäus, wie er den unbekannten Odysseus empfängt. — 5) Ueber den Einfluß des Handels und der Schifffahrt auf die Gesittung der Menschen (mit Bezug auf Schillers Gedicht: der Kaufmann). — 6) a. Ueber die Beweggründe in der Seele der Elisabeth zur Unterzeichnung des Todesurtheils der Maria Stuart in Schillers Drama. b. für die Geübteren: Wie läßt der Dichter in Macbeth die Leidenschaft der Herrschaft entstehn und sich zu seinem Verderben vollständig ausbilden? — In der Classe gearbeitet wurden: 7) und 8) Uebersetzungen aus Livius und Plutarch. — 9) Warum muß Göz in dem gleichnamigen Stücke Göthes trotz seiner Redlichkeit und Tapferkeit zuletzt doch untergehen? — 10) Was verpflichtet uns zum Studium der Geschichte?

Unter-Secunda: Elemente der mittelhochdeutschen Formenlehre. Ausgewählte Gedichte von Walther v. d. Vogelweide, Nibelungenlied Str. 1115—2316 nach Wackernagels Edelsteinen.

Die Themata zu den freien Arbeiten waren: 1) Meer und Wüste. — 2. Vox populi vox dei (mit besonderer Beziehung auf Schillers Kampf mit dem Drachen). — 3) a. Die Vorläufer der Deutschen Reformation. b. Eine Virgilische Ekloge in Deutschen Trochäen. — 4) Ueber die Thierfabel. — 5) Was wird uns im ersten Buche der Cyropädie vom Cyrus erzählt? — 6) a. Was wissen wir von Junius Brutus? (nach Liv. I.) b. Funfzig bis sechzig Verse aus der Kyklopie in Trochäen oder Jamben. — 7) Was verdankte Rom dem Menenius Agrippa? — In der Classe gearbeitet: 8) Schillers Kampf mit dem Drachen. — 9) Charakteristik der vier ersten Römischen Könige (nach Liv. I.). — 10) Walthers von der Vogelweide politische und kirchliche Gesinnung.

3. Lateinische Sprache.

Prima: Cic. Off. I u. II u. Tac. Hist. lib. IV, der Aufstand des Civilis. — Horaz und Versübungen. Gelesen wurden: Oden IIb. III u. IV mit Auswahl, Carm. saec., Epod. 1 u. 2. Sat. I, 1. 3. 9. Epist. I, 10. Die Versübungen, die nur im Sommer, bei 3 Stdn. regelmäßig betrieben werden konnten, schlossen sich meist an die Metra der Lectüre an; einzelne lieferten Uebertragungen moderner Originale oder freie Arbeiten.

Die Themata zu den freien Lat. Arbeiten waren für die erste Abtheilung: 1) Oeconomia Iliadis et Aeneidis inter sese comparata. — 2) Vesaniae et aegritudinis genera exempla ex Graeca et Latina antiquitate repetitis illustrata. — 3) Hominum cum diis aemulationes exitiabiles illis fuisse demonstratur (Thamyris, Linus, Niobe, Marsyas, Arachne, Misenus). — 4) Urbanas res anteponendas esse rebus bellicis (Cic. Off. I. 24. Cyre); — für die zweite Abtheilung: 5) Trojae excidium Virgilio duce narratum — 6) Quatenus vera sint illa Homerica: Πατρὸς μὲν τοι παιδὲς ὁμοῖοι πατρὶ πέλονται, Οἱ πλέονες κακίους, παῦροι δέ τε πατρὸς ἀμείνους (Hom. Od. 2, 276), exemplis ex antiquitate repetitis ostenditur. — 7) Prima apologiae Platonicae pars accurate descripta. — 8) Hominum ad inferos descensiones ab antiquis scriptoribus commemoratae. — 9) Hominum, quos Cicero primo officiorum libro commemorat, in certum quendam ordinum reductorum, res memorabiles. a) c. 1—10. b) c. 11—20. c) c. 21—30. — 10) Cur Aeneas sit pius appellatus, Virgilio potissimum duce ostendatur. — Von allen in der Classe gearbeitet: 11) Freie Bearbeitung von Hout. II. 10 v. 1—41. — 12) Qui factum sit, ut Asiae Imperium a Medis transierit ad Persas. — 13) Quibus rationibus Socrates (Xenoph. reminiscendum fuit in Aristulis esse, persuaserit. — 14) Ex quatuor virtutibus primariis quae Graecorum, quae Romanorum maxime propria fuerit.

Die Gegenstände der Lat. Sprech- und Redeübungen bildeten: 1) Disputationen über Bentleys Anmerkungen zu Hor. Od. IV. 5, 18. A. P. 2. 26. 40. 60. 99. — 2) Freie Vorträge über Liv. lib. I. und mehrere Vitae des Nepos verbunden mit gegenseitigem Abfragen. — 3) Recitationen aus Cic. Off. I u. II. — 4) Geographie von Griechenland.

Ober-Secunda-Liv. XXI—XXIII. und Virg. Aen. I—IV. VI. — Metrik und Vers-

übungen: Distichen, meist Deutsch gegeben, danebrn Uebertragungen Schiller'scher Gedichte. Die Themata zu den freien Arbeiten waren: 1) Quid praetores Atheniensium post pugnam apud Arginussas commissam passi sint, narratur (nach Xenophon). — 2) De triginta virorum dominatione (nach Xen. und Lysias). — 3) De proelio ad Trebiam commisso (nach Livius). — 4. De Sinone Virgilii. — 5) Q. Fabium Maximum dictatorem propter constantiam et vituperatum et laudibus ad coelum elatum esse duce Livio narratur. — 6) Quae summa virtus imperatoria sit, demonstretur exemplis ex belli Punici secundi historia repetitis (nach Livius). — In der Classe 7) De Hannibalis in Romanos odio et fortitudine.
 Unter-Secunda: Liv. I u. II (I, c. 42—60 privatim). Virg. Eclogen u. Ovids Festen. Metrik und Versübungen. Disticha nach Seyffert.
 Ober-Tertia: Caes. B. G. VI u. VII, dann Curtius III u. IV bis c. 21. Ovids Metamorphosen.
 Unter-Tertia: Caes. B. G. I—IV u. Ovids Metamorphosen. Eine Stunde zu repetitorischer Lectüre des Nepos und häusliche Arbeiten im Anschlusse daran nach Fritzsche's „Deutschen Texten für Reposlefer".

3. Griechische Sprache.

 Prima: Platos Apologie und Kriton. Soph. Oed. Rex u. Hom. Ilias X. XVI. XVIII. XIX. XXII—XXIV.
 Ober-Secunda: Aus Jacobs Attica: Xen. Hist. Gr., dann Lysias Reden VII. XII. XVI. XIX. XXII.—XXV., cursorisch der λόγος ἐπιτάφιος und zur Vergleichung dazu einiges aus Isocrates Panathenaicus u. Areopagiticus. Daneben Hom. Od. XIII—XVIII.
 Unter-Secunda: Xen. Cyrop. I—IV, 1. 12 u. VI, 3. 35 bis zu Ende mit Auswahl. Daneben Hom. Od. VIII—XII.
 Ober-Tertia: Xen. Anab. III. c. 2 bis VI. u. Hom. Od. IV, 265—V.
 Unter-Tertia: Xen. Anab. I u. II bis c. 2.

4. Französische Sprache.

 Prima: Voyage en Orient par Lamartine u. Histoire de Charles I. par Guizot.
 Ober-Secunda: Tableaux historiques par Thierry u. Théodose le Grand par Fléchier.
 Unter-Secunda: Première et troisième croisade par Michaud.
 Ober-Tertia: Charles XII par Voltaire.

6. Geschichte.

 Prima: Aelteste und Griechische Geschichte, Repetition der mittleren und neueren. Geschichtliche Vorträge der Ober-Primaner.
 Ober-Secunda und Unter-Secunda: in beiden die neuere Geschichte bis in die Gegenwart.
 Ober-Tertia: Geschichte des Brandenburg.-Preußischen Staats und Repetition der alten Geschichte.
 Unter-Tertia: Geschichte des Mittelalters.
 Quarta: Geschichte der alten Völker besonders der Griechen und Römer.

7. Mathematik.

 Prima: Trigonometrie, Repetition der Kreisberechnung und Stereometrie. Daneben Lösung von Aufgaben aus den verschiedenen Disciplinen der Mathematik.
 Ober-Secunda: Berechnung der geradlinigen Figuren und des Kreises. Elemente der Stereometrie. Daneben Lösung der quadratischen Gleichungen und stereometrischer Aufgaben mit Anwendung der Logarithmen.
 Unter-Secunda: Die Gleichungen des ersten Grades mit einer und mehreren Unbekannten und Anleitung zum Gebrauch der Logarithmentafeln. Die Lehre von der Aehnlichkeit der Figuren. Daneben Wiederholung der Planimetrie, besonders der Kreislehre und der Buchstabenlehre.
 Ober-Tertia: Lehre von den regelmäßigen Figuren und Buchstabenrechnung, daneben Wiederholung der Planimetrie und Aufgaben aus derselben.
 Unter-Tertia: Planimetrie und Anfangsgründe der Algebra.

8. Naturwissenschaften.

Prima: Optik und mathematische Geographie; daneben Vorträge der Schüler aus den ihnen bereits bekannten Gebieten der Physik.
Ober-Secunda: Electricität, Magnetismus und Wärmelehre.
Ober- und Unter-Tertia: in beiden Zoologie.
Quarta: Botanik.

9. Hebräisch.

Prima: Cursorische Lectüre von Judd. c. 2. und 4—9. I. Sam. c. 1—12; dann statarisch Ps. 1. 2. 8. 14. 15. 19. 42—47. 53. 68. 90. 104.
Secunda: Historische Stücke aus Brückners Lesebuch I—IV.

Die seit 1844 bei uns eingeführten Redeübungen auf dem Schulsaale in Gegenwart der Lehrer und Schüler wurden auch in diesem Schuljahre auf die im Programme jenes Jahrs beschriebene Weise gehalten, mußten aber wegen der vermehrten Frequenz des Gymnasiums auf die oberen Classen, Prima, Secunda und Tertia, beschränkt werden.

Lehrbücher.

Fürs Lateinische: Bergers Grammatik für alle Classen. — Zum Uebersetzen ins Lateinische: Seyfferts Materialien für I, Kühner für IIa, Kraft für IIb, Grotefend für III, Fritzsches Deutsche Texte für Repos-Leser für IV. — Elementarbuch von Schmidt für V und VI. — Vocabularium von Döberlein für IV. — Seyfferts Pal. Mus. für III und IIb.

Fürs Griechische: Buttmanns Grammatik für alle Classen. — Elementarbuch von Schmidt und Wensch für IV. — Das Uebersetzen aus dem Deutschen, in IIa und I aus dem Lateinischen ins Griechische wurde in allen Classen fast nur nach Dictaten aus der Lectüre geübt; daneben mündlich in IIa Blumes Anleitung zum Uebersetzen aus dem Lat. ins Griech. und schriftlich in IIb Nepos.

Fürs Französische: Plötz Lehrbuch für alle Classen. — Zum Uebersetzen ins Französische für I Fränkels Anthologie Curs. II.

Fürs Hebräische: Grammatik von Nägelsbach und Vocabularium von Stier für I und II. — Brückners Lesebuch für II.

Fürs Deutsche: Wackernagels Edelsteine für IIb. Schmidts Lesebuch für IIIa — Wackernagels und Hiekes Lesebücher für IIIb — VI, Echtermeyers Gedichtsammlung für III und IV.

Für die Religion: Hollenbergs Hülfsbuch für I und II, Luthers Katechismus in der Barlebener Ausgabe für III — VI.

Für die Geschichte: Cauers Geschichtstabellen für IV—I, Dittmars Weltgeschichte für I u. II, Welters Weltgeschichte für III u. IV, Hahns Brandenburg-Preußische Geschichte für IIIa.

Für die Geographie: Daniels Lehrbuch für III, Hörschelmann und Dielitz für IV, V und VI.

Für Mathematik und Rechnen: Euklid in der Ausgabe von Lorenz und Dippe für III und IIb, Kamblys Lehrbuch der Trigonometrie und Stereometrie, Mahlers Hauptsätze der Elementar-Mathematik, Pollacks planimetrische Aufgaben und Müllers vierstellige Logarithmen für I und IIa, Lautschlägers algebraische Aufgaben für IIa, Pollacks arithmetische Aufgaben für IIb und IIIa, Hentschels Aufgaben zum Rechnen für IV, V und VI.

Für den naturwissenschaftlichen Unterricht: Schillings Leitfaden für III.

I. Tabellarische Uebersicht der Lehrgegenstände.

Lehrfach.	Wöchentliche Stundenzahl in den Classen.							
	I.	II a.	II b.	III a.	III b.	IV.	V.	VI.	Summa.
1. Religion	2	2	2	2	2	2	3	3	16
2. Deutsche Sprache	3	2	2	2	2	2	2	2	17
3. Lateinische Sprache	8	10	10	10	10	10	10	10	78
4. Griechische Sprache	6	6	6	6	6	6	—	—	36
5. Hebräische Sprache	2	2	2	—	—	—	—	—	6
6. Französische Sprache	2	2	2	2	2	2	3	—	15
7. Geschichte u. Geogr.	3	3	3	3	3	3	3	3	24
8. Mathem. u. Rechnen	4	4	5	3	3	3	4	4	30
9. Naturkunde	2	1	—	2	2	1	—	—	8
10. Schreiben	—	—	—	—	—	1	3	3	7
11. Zeichnen	—	—	—	2	2	2	2	2	10
12. Singen	1	1	1	1	1	1	1	1	8
Summa	33	33	33	33	33	33	31	28	257
					Wegen der Combination gehen ab				11
					Es wurden wirklich gegeben				246

II. Vertheilung der Lehrfächer unter die Lehrer.*)

Lehrer.	I.	II a.	II b.	III a.	III b.	IV.	V.	VI.	Summa
1. Prof. Dr. Schmitt, Dir. u. Ord. v. I.	6 Latein 6 Griechisch 2 Religion	2 Religion						3 Religion	16
2. Prof. Weniſch, Prorect. Oberlehrer u. Ord. von III a.				10 Latein 6 Griech. 2 Religion					21
3. Dr. Bernhardt, Journ., zweiter Oberlehrer u. Nachm.	4 Mathem. 2 Physik	5 Mathem. Physik	5 Mathem.	3 Mathm. 2 Deutſch					21
4. Dr. Becker, Subrect., dritter Oberlehrer u. Ord. von II a.		4 Latein 6 Griech. 3 Geſchichte 2 Deutſch			2 Religion				22
5. Oberlehrer Euer, Subconr. und Ord. von II b.	2 Latein 2 Hebräiſch	1 Latein	1 Latein 4 Griech. 2 Deutſch 2 Hebräiſch**)		10 Latein				22
6. Dr. Wintrup, Ordentl. Lehrer und Ord. von III b.	3 Deutſch 3 Geſchichte 2 Franz.	2 Franz.	2 Franz.	2 Franz.		5 Latein 2 Deutſch 2 Geſchichte 2 Religion	3 Franz.		22
7. Gymn. Lehrer Knappe, Ordentl. Lehrer und Ord. von IV.			3 Latein 2 Griech.						22
8. Dr. Winter, erster Adjunct u. Ord. v. V.		3 Geſchichte	3 Geſchichte	2 Geſchichte	6 Griech.		10 Latein 3 Religion		24
9. Gymn. Lehrer Müller, zweiter Adjunct.				2 Naturg. 1 Geogr.	3 Mathm. 2 Naturg. 2 Franz.	3 Rechnen 2 Franz.	4 Rechnen	4 Rechnen	23
10. Candidat Spangenberg, Ord. v. VI.						6 Griech.			21
11. Candidat Dr. Trautmann					2 Geſchichte 2 Geogr. 2 Deutſch	2 Latein 1 Geogr.	3 Geogr. 2 Deutſch	10 Latein 3 Geogr. 2 Deutſch	13
12. Schrödenberger, Zeichen- u. Schreiblehrer.					2 Rechnen	2 Zeichnen 1 Naturg. 1 Schreiben	3 Schreiben 2 Zeichnen	3 Schreiben 2 Zeichnen	16
13. Muſikdirector Stein, Geſanglehrer.									3
		Singen 1			Singen 1		Singen 1		246

*) Beide Zahlen beziehen ſich nur auf das Winterhalbjahr.
**) Den Hebräiſchen Unterricht in Secunda ertheilte ſeit Neujahr Herr Hülfsprediger Alexioſi.

IV.
Statistische Verhältnisse.

1. Das Lehrerpersonal.

Director Prof. Dr. Schmidt, Ord. von Prima; die Oberlehrer: Prorector Prof. Wensch, Ord. von Ober-Tertia; Conrector Dr. Bernhardt, Lehrer der Mathematik und der Naturwissenschaften, vorzugsweise für die oberen Classen; Subrector Dr. Becker, Ord. von Ober-Secunda. Die ordentlichen Lehrer: Oberlehrer Stier, Ord. von Unter-Secunda; Dr. Wentrup, Ord. von Unter-Tertia, und Knappe, Ord. von Quarta; die Adjuncten Dr. Winter, Ord. von Quinta, und Müller, Hülfslehrer für Mathematik und Naturwissenschaften; der Zeichen- und Schreiblehrer Schreckenberger; der Gesanglehrer Musikdirector Stein; die Candidaten des höheren Schulamtes Spangenberg, provisorischer Ord. von Serta, und Dr. Trautmann.

2. Zahl und Namen der Schüler.

Die Zahl der Schüler am Schlusse des vorigen Jahres betrug 318
Von diesen verließen die Anstalt noch vor Beginn des neuen Schuljahres . . 30
Es blieben also vom vorigen Jahre zurück 288
Neu aufgenommen wurden im Sommerhalbjahre 50
Die Gesammtzahl der Schüler im Sommerhalbjahre betrug also 338
Von diesen verließen die Anstalt a) noch vor Michaelis 10
    b) zu Michaelis 13
Es blieben also vom Sommerhalbjahre zurück 315
Neu aufgenommen wurden im Winterhalbjahre 17
Die Gesammtzahl der Schüler im Winterhalbjahre betrug also 332
Von diesen schieden aus der Anstalt noch vor Ostern 9
Der Bestand der Schule am Schlusse des gegenwärtigen Schuljahrs ist also . 323

Die Abgegangenen sind folgende:

1) Zu Ostern 1861:
Aus Ober-Prima: 10 mit dem Zeugniß der Reife (s. oben S. 23); ferner Ernst Pappach aufs Gymnasium zu Lucau, Robert Kröhne aufs Gymnasium zu Neu-Ruppin, Emil Kobelius zum Militär, Bernhard Liebe zum Postfache.
Aus Unter-Prima: Hans v. Arnim zur Oekonomie.
Aus Ober-Secunda: Friedrich v. Sommerlatt zum Militär, Karl Schütze um Apotheker zu werden, Leberecht Friedemann zur Oekonomie.
Aus Unter-Secunda: Ludwig Löser (schon am 25. Febr.) zum Militär, Hans v. Bobenhausen aufs Gymnasium zu Zerbst.
Aus Unter-Tertia: Bodo von Bobenhausen aufs Gymnasium zu Zerbst, Ludwig Behrendt zur Handlung.
Aus Ober-Quarta, eben nach Tertia versetzt: Rudolf Theermann und Wilhelm Kämmerer, beide zur Handlung.
Aus Unter-Quarta: Heinrich Wichmann, eben nach Tertia versetzt, zu den Eltern zurück, und Konrad v. Bobenhausen aufs Gymnasium zu Zerbst.
Aus Ober-Serta: Julius Beegen, eben nach Quinta versetzt, auf das Institut in Annaburg, und Oskar Friedrich auf die hiesige Communalschule.

2) Im Verlauf des Sommers 1861:
Aus Unter-Prima: Paul Brecher und Friedrich Rauch, beide zum Militär.
Aus Ober-Secunda: Gustav Ohlsen zu den Eltern nach Neapel zurück.
Aus Ober-Secunda: Hermann Schmidt, Ernst Stolze und Albert Zinnow, alle drei zum Militär.
Aus Ober-Tertia: Rudolf Bornmüller zum Baufache.
Aus Unter-Tertia: Heinrich Heineken aufs Gymnasium zu Merseburg.
Aus Ober-Quarta: Alexander Evert zur Handlung.
Aus Unter-Quarta: Ernst Mulertt auf eine Vorbereitungs-Privatschule für Pforta.

3) Zu Michaelis 1861:
Aus Unter-Prima: Julian Eberty mit den Eltern nach Berlin und dort auf ein Gymnasium.
Aus Unter-Secunda: Karl Lehnhardt zur Buchdruckerei.
Aus Ober-Tertia: Bernhard Hennig und Johannes Hoffmann, letzterer aufs Gymnasium zu Eisleben.
Aus Unter-Tertia: Ludwig Pettermann zur Handlung, Paul Eberty mit den Eltern nach Berlin und dort auf ein Gymnasium, Georg und Max Glöckner mit den Eltern nach Halle und dort auf die Lateinische Hauptschule, Wilhelm Hehne auf die Gewerbschule in Potsdam, Julius Langenbeck zurück zu den Eltern nach Berlin.
Aus Ober-Quarta: Bruno Hennig zur Handlung.
Aus Unter-Quinta, eben versetzt nach Ober-Quinta: August Friesecke zu einem Gewerbe.
Aus Ober-Serta: Max Kühne, mit den Eltern nach Dresden.

4) Im Verlaufe des Winters 1861—62:
Aus Ober-Prima: Siegfried v. Quast, auf unsern Rath, auf das Gymnasium zu Wetzlar.
Aus Ober-Secunda: Albert Witzig. Er war Mich. nach Ober-Sec. versetzt, hatte aber, als er sich am 9. Januar zum Abgang meldete, um Kaufmann zu werden, schon seit Beginn des Septembers, da er an einem heftigen Nervenfieber erkrankt war, die Schule nicht besucht.
Aus Unter-Secunda: August Heintze zum Baufache.
Aus Unter-Tertia: Constantin Geisenbeyner zur Brauerei.
Aus Unter-Quarta: Max Schmidt und Hugo Damm, beide mit ihren Eltern nach Halle und dort auf die Lat. Hauptschule.
Aus Unter-Quinta: Alexander Wagner, mit den Eltern nach Berlin.
Aus Ober-Serta: Gustav Schneider, auf die Realschule in Dessau, und Wigand v. Gersdorff auf ein Privat-Institut in Schlesien.

Die 323 Schüler, die den gegenwärtigen Bestand der Anstalt bilden, sind durch die einzelnen Classen folgendermaßen vertheilt*):

I.

Abtheilung 1.

Heinrich Meusel, aus Zahna.
Georg Brase, aus Wittenberg.
Gerhard v. Niebuhr, aus Halle.
Hermann Hammer, aus Boos bei Wittenberg.
Otto Schwarz, aus Jüterbog.
Gustav Strien, aus Wittenberg.
Albert Schmidt, desgl.
Wilhelm Brandt, aus Stadt Zinna.
Ernst zur Lippe-Biesterfeld, aus Bentschen in Polen.
Adolf Gödel, aus Wittenberg.
Heinrich Schäfer, desgl.
Eugen Rambeau, desgl.
Oskar Giese, desgl.
Otto Richter, aus Schloß Pretzsch.
Gustav Gruntmann, aus Belzig.
Karl Bahn, aus Jüterbog.
Johannes Buch, aus Prettin.
Paul Treff, aus Wittenberg.
Oskar Donizeit, desgl.
Eduard Friedrich, aus Alt-Jeßnitz bei Bitterfeld.
Ludwig Scheve, aus Berlin.
Hubert v. dem Bussche-Lohe, aus Cöthen.
Alexander Gürtler, desgl.
Karl Paudert, aus Treuenbrietzen.
Friedrich Cämmerer, aus Dorf Zinna bei Jüterbog.

Abtheilung 2.

Hermann Paudert, aus Treuenbrietzen.
Wilhelm Pflaumer, aus Jessen.

Karl Ehrhardt, aus Meinsdorf bei Dahme.
Hugo Fritzsche, aus Wittenberg.
Robert Gröbner, aus Pretzsch.
Otto Joseph, aus Heegermühle bei Neustadt-Eberswalde.
Osmar Schulz, aus Jüterbog.
Julius Aarig, aus Wittenberg.
Bruno Dörstling, aus Pretzsch.
Moritz Plädert, aus Felgentreu bei Luckenwalde.
Karl Richter, aus Jüterbog.
Ludwig Hofmann, aus Cloden bei Pretzsch.
Wilhelm Wielig, aus Rohrbeck bei Jüterbog.
*Karl Obermann, aus Hohennennigsen.
Erdmann Schiering, aus Alte-Mühle bei Brück.
Oskar Thomae, aus Jessen.
Richard Mahlentorff, aus Wittenberg.
Richard Art, aus Grüneberg bei Bardy.
Gustav Brandt, aus Stadt Zinna bei Jüterbog.
Karl Müller, aus Wittenberg.

45.

IIa.

Karl Büchel, aus Wittenberg.
Emil Basse, aus Belzig.
Hans v. Bodrien, aus Leißlienen bei Wehlau.
Ludwig v. Davier, aus Nerken bei Roßlau.
Theodor Rambeau, aus Wittenberg.
Curt v. Frankenstein-Douglas, aus Merseburg.
Hermann Naumann, aus Cloden bei Wittenberg.
Richard Wänß, aus Nadritz bei Wittenberg.
Karl Kubimen, aus Kirbitz bei Zahna.
Adolf v. Quast, aus Garz in der Grafschaft Ruppin.

---

*) Die mit einem Sternchen Bezeichneten sind im gegenwärtigen Schuljahre neu aufgenommen; der beigefügte Ortsname zeigt den gegenwärtigen Aufenthaltsort der Eltern an.

Hugo Harrer, aus Wittenberg.
Karl Dannenberg, aus Treuenbrietzen.
Franz Caspari, aus Berlin.
Ulrich v. Bassewitz, aus Potsdam.
Karl Wagner, aus Wittenberg.
Ewald v. Massow, aus Rehr bei Rummelsburg in Hinter-Pommern.
Adolf v. Derßen, aus Ratten bei Friedland in Mecklenburg-Strelitz.
Karl v. Derßen, aus Schwerin in Mecklenburg.
Friedrich Heinrich, aus Wittenberg.
Hermann Lehmann, aus Grauwinkel b. Schönewalde.
Rudolf Hahn, aus Wittenberg.
Anton v. Waßahn, aus Gummerow bei Demmin.
Otto v. Arnim, aus Reuensund bei Straßburg in der Udermark.
Gotthold Poser, aus Jüterbog.
Albert Gräbiß, aus Wittenberg.
Hermann Bormann, aus Bergwiß bei Kemberg.
Gustav Schütze, aus Heinsterf bei Jüterbog.
Otto v. Derßen, aus Schwerin.
Karl Röser, aus Wittenberg.
Theodor Hinneberg, desgl. 30.

II b.

Franz Liebe, aus Raguhn bei Dessau.
Johannes Krebs, aus Jüterbog.
Friedrich Hennig, aus Raben bei Niemegk.
Otto Müller, aus Wiesenburg.
Rudolf Koch, aus Belzig.
Ernst Schäfer, aus Wittenberg.
Ludwig Strech, aus Jüterbog.
Eugen Etrien, aus Wittenberg.
Hermann Grese, desgl.
Ferdinand Schulze, aus Jüterbog.
Gustav Biletsche, aus Wittenberg.
Hugo Lamprecht, aus Jessen.
Kurt v. Oppen, aus Niemegk.
Hermann Becker, aus Wittenberg.
Ernst Marr, aus Doberschütz bei Eilenburg.
Meinhold Fuchs, aus Schmiedeberg.
August Becker, aus Wittenberg.
Albert Bernhardt, aus Schenlenberg bei Delitzsch.
Otto v. Kattorff, aus Aliken bei Coswig.
Max Bernhardt, aus Wittenberg.
Albert Krause, aus Schweinitz.
*Hermann Tschabran, aus Pitschen bei Luckau. 22.

III a.

Friedrich Rickmann, aus Wittenberg.
Amateus Pintschovius, aus Borna bei Belzig.
Adalbert Lange, aus Wittenberg.
*Friedrich Holzweißig, aus Delitzsch.
Eduard Knape, aus Treuenbrietzen.
Georg Eckhardt, aus Zwieslgkow bei Jessen.
Woltemar Bodenstein, aus Schmiedeberg.
Georg Prinz zu Schönaich-Carolath, aus Saabor bei Grünberg in Schlesien.
Richard Torge, aus Belzig.
Johannes Leimann, aus Wittenberg.
Otto Wekel, desgl.
Georg Wörckel, aus Delitzsch.
Ferdinand Lamprecht, aus Ludenwalde.
Traugott Unger, desgl.
Gottfried Schmitt, aus Rahnsdorf bei Zahna.
Karl Richter, aus Doblen bei Wittenberg.
*Ludwig Schäßer, aus Rahnsdorf bei Zahna.

Paul Naumann, aus Dabrun bei Wittenberg.
Karl Piutti, aus Elgersburg in Thüringen.
Friedrich Zimmermann, aus Niemegk.
Otto Hamel, aus Wittenberg.
Hans v. Juncke, aus Kleptingswalde bei Görlitz in Schlesien.
Otto Wäckert, aus Wittenberg.
*Ernst Richter, aus Pretzsch.
Theodor Haupt, aus Wittenberg.
*Hermann Jähnichen, aus Wiesenburg bei Belzig.
*Otto Schmitt, aus Rebelin bei Genthin.

III b (räumlich vereinigt mit III a).

Paul Berg, aus Pratau.
Eugen Rosstoffi, aus Wittenberg.
Paul Eckhardt, aus Zwieslgkow.
Rudolf Müller, aus Niederwerbig bei Treuenbrietzen.
Gustav Otte, aus Fröbden bei Jüterbog.
Otto Tschinschtz, aus Welsigke bei Belzig.
Heinrich Tschinschtz, desgl.
Hermann v. König, aus Jörnigall.
Ludwig Richter, aus Dresden. 36.

III b. räumlich getrennt von III a).

Gustav Schloßmann, aus Wittenberg.
August Kändle, desgl.
Adolf Heni, desgl.
Walther Nicolai, aus Langenreipsdorf bei Jüterbog.
Karl Gerhardt, aus Wittenberg.
Ewald Binz, desgl.
Paul Pavin, aus Ragösen bei Belzig.
Gustav Giesler, aus Jüterbog.
Wilhelm Schulze, aus Jinna.
Wilhelm Ulrich, aus Wittenberg.
Adolf John, aus Senst bei Coswig.
Gustav Born, aus Wittenberg.
Otto Poppenberg, aus Niemegk.
Bernhard Iceg, desgl.
Friedrich Paudert, aus Treuenbrietzen.
Wilhelm Pintschovius, aus Borna bei Belzig.
Willbald Peters, aus Wittenberg.
*Heinrich Galezschky, aus Trebnis bei Breslau.
Gustav Menge, aus Wittenberg.
Hermann Leonhardt, desgl.
Emil Fuhrmann, desgl.
Magnus Langhammer, aus Kropstädt.
Georg Rambeau, aus Wittenberg.
Hermann Zinnow, desgl.
Wilhelm Paaße, aus Linka bei Schweinitz.
Otto Worplich, aus Wittenberg.
Gottlieb Gädler, aus Bosdorf bei Niemegk.
Theodor Jamm, aus Wittenberg.
Albert Heinrich, desgl.
Moritz Hempel, aus Schmiedeberg.
Julius Hammer, aus Boes.
August v. Massow, aus Rißmenau bei Sorau.
Otto Krakow, aus Jüterbog.
*Gottlieb Beckmann, aus Seefeld bei Schwerin in Mecklenburg.
Friedrich Fischer, aus Wittenberg.
*Friedrich Deutschmann, desgl.
Oskar Kühne, aus Delitzsch.
Theodor Mörter, aus Pratau.
Georg Henne, aus Wittenberg.
Otto Lehmann, aus Grauwinkel bei Schönewalde.
Gustav Knorre, aus Wittenberg.
Adolf Reinecke, aus Düben.
Karl Reinhardt, aus Wittenberg.

Richard Bensch, aus Wittenberg.
Albert Geske, aus Burxdorf bei Mühlberg a. Elbe.
43.

IV.

Abtheilung 1.

*Paul Schreyer, aus Pretzsch.
Karl Dorn, aus Wartenburg:
Otto Blithorn, aus Brinnis bei Delitzsch.
*Otto Gröbner, aus Pretzsch.
Emil Brietsche, aus Wittenberg.
Ernst Hinneberg, desgl.
Max Aberé, aus Potsdam.
Friedrich Braunsdorf, aus Pratau bei Wittenberg.
Friedrich Palmié, aus Schloppe in Westpreußen.
Max Berg, aus Pratau bei Wittenberg.
Hermann Urban, aus Wittenberg.
Heinrich Büschel, desgl.
Hermann Welcker, aus Jessen.
Otto Schlabitz, aus Köplitz bei Kemberg.
Hugo Hansen, aus Wittenberg.
Friedrich Bourzutschky, desgl.
Bernhard Hauffe, aus Kappau bei Jüterbog.
Emil Blume, aus Belzig.
Otto Simon, aus Kemberg.
Albert Junker, aus Zahna.
Hermann Spiering, aus Wittenberg.
Georg Breitenbach, desgl.
Robert Sichler, desgl.
Emil Jinzelberg, aus Luckenwalde.
Reinhold Joel, aus Linkenau bei Ortrand.
*Richard Lieblich, aus Friedland bei Waldenburg in Schlesien.
Otto Art, aus Grüneberg bei Barby.
Karl Müller, aus Kleinwittenberg.
Ferdinand Hillebrand, aus Alipschena bei Wittenberg.
Bernhard Schrader, aus Riemegk.
*Oskar Scheibe, aus Kemberg.
Gustav Wolter, aus Elster bei Wittenberg.
Friedrich Hubrig, aus Pratau bei Wittenberg.
*Max Hudemann, aus Wittenberg.

Abtheilung 2.

*Bernhard Linke, aus Jüterbog.
Julius Leo, aus Dahmsdorf bei Riemegk.
Franz Klim, aus Koslin.
Philipp Bernhardt, aus Wittenberg.
Karl Schapper, desgl.
Paul Woltmann, desgl.
Theodor Schapper, desgl.
Theodor Schütze, desgl.
Oskar Bullus, desgl.
Friedrich v. Oppen, aus Riemegk.
Ludwig Heinrich, aus Wittenberg.
Wilhelm Eichelbaum, desgl.
Karl Damm, aus Berlin.
Wilhelm Hahn, aus Wittenberg.
Hermann Arnoldt, desgl.
Rudolf Pittelko, aus Jagelsdorf bei Dahme.
Ernst Held, aus Wittenberg.
Hermann Piper, aus Pretzsch.
Hans v. Mantenffel, aus Wittenberg.
Eduard Böhrens, aus Zahna.
Friedrich Scheidemantel, aus Tornau bei Düben.
*Oskar Bleck, aus Kelzig.
Hermann Heinze, aus Wittenberg.
Wilhelm Lamm, desgl.

Oskar Hamel, aus Wittenberg.
*Alfred Pranigk, aus Cöthen.
*Franz Wledicke, aus Wittenberg.
Paul Friedrich, aus Bolemar bei Wittenberg.
62.

V.

Abtheilung 1.

*Paul Pfotenhauer, aus Jüterbog.
Edmund Steinbach, aus Wittenberg.
Alwin Lange, desgl.
Adolf Wachs, aus.
Theodor Schmidt, desgl.
Karl Riese, desgl.
*Johann Baumann, aus Pretzsch.
Johann Hofmann, aus Marktendorf bei Jüterbog.
Paul Hinneberg, aus Wittenberg.
Wilhelm Poleny, aus Iserbegka bei Wittenberg.
Joachim v. Manteuffel, aus Wittenberg.
Bob v. Rochow, desgl.
Gustav Bergner, desgl.
Otto Hehne, desgl.
Richard v. Ruschwig, aus Gentha bei Serba.
*Max Harnisch, aus Wittenberg.
Oskar Gerischer, desgl.
Theodor Reinhardt, desgl.
*Karl Holzhausen, aus Kemberg.
Gustav Schulze, aus Hohndorf bei Wittenberg.
Wilhelm Hoffmann, aus Wittenberg.
*Hugo Mühlfordt, desgl.
Adolf Heinrich, aus Zinna.
Otto Spiering, aus Wittenberg.

Abtheilung 2.

*Ludwig Heßler, aus Bösewig bei Pretzsch.
Julius Brietsche, aus Wittenberg.
Hermann Pellerich, desgl.
Karl Hoffmann, desgl.
*Karl Hauffe, aus Balkau bei Jüterbog.
*August Voigt, aus Kemberg.
Karl Bernau, aus Wittenberg.
Ethilo Bener, aus Delitzsch.
Otto Bauchwiß, aus Zinna.
Karl Heinze, aus Wittenberg.
Bruno v. Oppen, aus Riemegk.
*Ernst Hofmann, aus Marktendorf bei Jüterbog.
Ernst Lehmann, aus Graumintel bei Schönewalde.
Albert Hofmann, aus Wittenberg.
Paul Geiter, aus Langenbogen bei Halle.
Richard Langisch, aus Wittenberg.
*Otto Brecht, aus Prettin.
*Wilhelm Wußig, aus Wittenberg.
Ferdinand Wagner, aus Zinna.
Oskar Quiche, aus Wittenberg.
Max Friesecke, desgl.
*Albert Heßler, aus Bösewig.
Bernhard Fuhrmann, aus Wittenberg.
*Wilhelm Albrecht, aus Pomlo bei Kemberg.
Max Dolecius, aus Wittenberg.
49.

VI.

Abtheilung 1.

*Paul Harthausen, aus Löben bei Schweinitz.
*Wilhelm Gommel, aus Dornau bei Kemberg.

* Paul Stein, aus Wittenberg.
* Karl Mutius, deßgl.
* Albert Knothe, deßgl.
* Rudolf Prädikow, deßgl.
* Ferdinand v. Lochow, aus Petkus bei Jüterbog.
* Wilhelm Poppenberg, aus Niemegk.
* August Hammer, aus Boos bei Wittenberg.
* Wilhelm Krüger, aus Niemegk.
* Albrecht v. König, aus Jörnigall bei Wittenberg.
* Fritz Töpel, aus Wittenberg.
* Max Pinschovius, aus Borne bei Belzig.
Max Seidel, aus Wittenberg.
* Karl Katcher, deßgl.
* Wilhelm Löper, deßgl.
* Hugo Küstner, deßgl.
* Richard Schmatz, deßgl.
* Karl Kühn, deßgl.
* Richard Pronkarkt, deßgl.

* Richard Renz, aus Wittenberg.
* Heinrich Wolter, deßgl.
* Hugo Winter, deßgl.

Abtheilung 2.

* Arthur Jünger, aus Kemberg.
* Curt v. Manteuffel, aus Wittenberg.
* Emil Mayer, deßgl.
* Albert Rüde, aus Vorstadt Wittenberg.
* Hermann Hohenstein, aus Dettzsch.
* Julius Wittmann, aus Wittenberg.
* Paul Spiering, deßgl.
* Theodor Zinner, deßgl.
* Hugo Lebnhardt, deßgl.
* Wilhelm Arpelt, deßgl.
Georg Eichelbaum, deßgl.

14.

8. Lehrapparat.

1. **Die Bibliothek.** An Geschenken erhielt diese im verflossenen Jahre: Hesychii Lexicon. Ed. M. Schmidt. Vol. III. Fasc. 3—6 und Vol. IV. Fasc. 1 u. 2. — Rheinisches Museum von Welcker u. Ritschl. Jahrg. XVI. — Gerhard, Etruskische Spiegel. 3te Lieferung. — Crelle, Journal für reine und angewandte Mathematik. Bd. 59. und 60. Heft 1. — Köpke, Gründung der Königl. Friedrich-Wilhelms-Universität zu Berlin (zugleich mit den Programmen der Gymnasien und Universitäten erhalten). — Verordnung über die Ergänzung der Offiziere des stehenden Heeres.
Von den Verfassern: Dr. Haßper 1) Pauli Brief an die Galater, im Urterte für den Schulgebrauch erklärt. 2) Hyginus philosophus de imaginibus coeli. Nach einer Pariser, von den im Druck erschienenen völlig verschiedenen Handschrift zum ersten Male herausgegeben. 3) Λευκάρδου Άρετίου περὶ τῆς πολιτείας τῆς Φλωρεντίνων. Neu nach Pariser, bisher unedirten Handschriften herausgegeben. — Henßte, Lehrbuch des Religionsunterrichts für die oberen Classen evangel. Gymnasien. — Dr. v. Gruber: Uebungsbuch zum Uebersetzen aus dem Deutschen ins Lat. für Tertia.
Von den Herrn Verlegern: durch die Herrn Buchhändler 1) am Ende in Leipzig: Aepersteins Pädagogische Briefe, neue Folge, und dessen Geschichts-Repetition. Abth. I—V. — 2) Flemming in Glogau: Rhodes historischer Schul-Atlas zur alten, mittleren und neueren Geographie. — 3) Herbig in Berlin: Plötz, Manuel de la littérature française.
Vom Herrn Kaufmann Gustav Arnoldt in Wittenberg: Laurentii Vallae de latinae linguae elegantia libri sex. Colon. 1543.
Aus eigenen Mitteln wurden angeschafft:
Für die Lehrerbibliothek: Antiquarisch wurden erstanden: Platonis dialogi V. Ed. Forster. — Platonis Euthydemus et Gorgias Ed. Routh. — Poetarum trag. gr. fragmenta. Ed. Wagner. Vol. I. — Didymi Chalcenteri fragmenta. Ed. M. Schmidt. — Perizonii animadversiones historicae. — Ovidii Fastorum u. Tristium libri. Ed. Merkel. — Passovii opuscula academica. — O. Müllers Archäologie der Kunst. — Daub u. Creuzers Studien. Theil 1. u. 2. — Thuani historiarum sui temporis partes quinque. 5 Bde. — Lappenbergs Geschichte Englands. 2 Bde. — Reuchlin und seine Zeit von Mayerhoff. — Forsters Briefwechsel. 2 Bde. — Mösers patriotische Phantasien. 3 Theile. — G. Müller, Bekenntnisse merkwürdiger Männer von sich selbst. 5 Bde. — Schleiermachers Kirchengeschichte. — Raumers Europa. 3 Bde. — Raumers Briefe aus Frankfurth und Paris. — M'Crie, Geschichte der Reformation. — Neu durch den Buchhandel angeschafft wurden: La Roche, Pädagogische Studien: der Accusativ im Homer. — La Roche, Beobachtungen über den Gebrauch von ἐπὶ im Homer. — Ueberweg, Untersuchung über die Echtheit und Zeitfolge Platonischer Schriften. — Stephani Thes. ling. Gr. Vol. I. Fasc. 10. — Gubl und Koner, Leben der Griechen und Römer. — Arnoldt, Fr. A. Wolf in seinem Verhältnisse zum Schulwesen und zur Pädagogik. Bd. 1. — Curtius, Griech. Geschichte. Bd. 2. — Eilers, Meine Wanderung durchs Leben. Bd. 6. — Macaulay, Geschichte Englands, übers. v. Bülau. XL Lief. 2 u. 3. — Förster, Befreiungskriege. Supplementbände, Lief. 13—27. — Püt, Histor. Darstellungen und Charakteristiken. Bd. 1. — Püt, Charakteristiken zur vergleichenden Erd- und Völkerkunde. 2 Bde. — Daniel, Handbuch der

Geographie. Bd. 1—3. — Giesebrecht, Geschichte der deutschen Kaiserzeit. III. 1. — Becker, Zerbster Chronik. — Voigt, Geschichte des Brandenb. Preuß. Staats. — Bärsch, Ferd. v. Schills Zug und Tod. — Opel und Cohn, der 30jährige Krieg, eine Sammlung von histor. Gedichten und Prosadarstellungen. — Schellings sämmtliche Werke. I. 1—3. — Schmid, Encyklopädie des Erziehungs- und Unterrichtswesens. Lief. 22—27. — Verhandlungen der Philologen-Versammlung. 1860. — Rönnich, Auswahl Deutscher Aufsätze und Reden. — Hopf und Paulsiek, deutsches Lesebuch für Tertia. — Mathesius, Luthers Leben in 17 Predigten. — Schleiermachers Erziehungslehre. — Palbamus, deutsche Dichter und Prosaisten II. 1 u. 2. — Schäfers Litteraturbilder, 2 Theile. — Grimms deutsches Wörterbuch III. 5 u. 6. — Jahns Jahrbücher. 1861. — Mützells Zeitschrift für das Gymnasialwesen. 1861. — Stiehls Centralblatt 1861. — Berliner Blätter 1861. — Neues Schweizerisches Museum. 1861. — Supplementbände zu Jahns Jahrbüchern III. 2—6. IV. 1 u. 2. — Kurtz, Lehrbuch der heiligen Geschichte und dessen Biblische Geschichte. — Preuß, Biblische Geschichten. — Poggendorfs Annalen der Physik. 1861. — Hoffmann, Stereometrische Aufgaben. — Fialkowski, die zeichnende Geometrie. — Apollonius von Perga 7 Bücher über Kegelschnitte. — Menzel, Lehrgang für den Elementarunterricht im Rechnen. — Sabling, Geometrische Constructions-Aufgaben. — Masius, die gesammten Naturwissenschaften. II. 2, und dessen Naturstudien. — Kämpz, Meteorologie. — Böckler, Theologia naturalis. Bd. 1.

Für die Schülerbibliothek: Nieupoort, de ritibus Romanorum. — Burmann, Antiquitatum Rom. brevis descriptio. — Matthiae, Eloquentiae latinae exempla. — Melanchthonis orationes selectae. — Eschenburg, Handbuch der classischen Litteratur. — Hafens, Gemälde der Kreuzzüge. 2 Bde. — Zimmermanns Geschichte der Hohenstaufen. 2 Bde. — Harnisch, Reisen. 16 Bde. — Leben des Admirals de Ruiter. — Irving, Leben des Columbus. 1—12 in 3 Bdn. — Nierig, Jugendbibliothek. 1861. — Rau, Geschichte der Deutschen Kaiser. — Angerstein, Leben Jahns. — Neue Volksbücher. 20 Bändchen. — Schmidt, 6 Büchern: Herders Jugend. Friedrich der Große. Der große Kurfürst. Herorngeschichten. König Richard. Köhler und Prinzen. — Horn, 3 Bändchen: Der Domrabe, Astor und das Pathengeschenk. — Hoffmann, Bange Tage. — Piper, Evangelischer Kalender, Jahrgang 1850—1862. — Jugendzeitung von Fabricius 1861. — Max v. Schenkendorfs Gedichte.

2. Für den Zeichenunterricht wurden angeschafft: Das technische Zeichnen von Guido Schreiber. — Berliner Zeichenlehrer, 2 Hefte. — Landschaftsstudien für geübtere Zeichner von Obach, 4 Hefte. — 6 Studienköpfe für schwarze und weiße Kreide.

3. Für den naturgeschichtlichen Unterricht: Zonengemälde von Brome.

4. Für den Gesangunterricht: Mendelssohns Psalm 42. Clavierauszug, Solound 30 Chorstimmen.

3. Unterstützungen und Prämien der Schüler.

1. Von den dem Gymnasium Allerhöchsten Orts bewilligten 300 Thlr. Stipendiengeldern erhielten in dem verflossenen Schuljahre die beiden Stipendien zu je 40 Thlr. die Primaner Meusel und Grafe, die 4 zu je 30 Thlr. folgende 4 jeder zur Hälfte: die Primaner Schwarz, Rambeau, K. Richter und Gräbner; folgende 3 jeder zwei Drittel: die Primaner O. Richter und Donselt und der Secundaner Büchel, die 5 zu je 20 Thlr. die Primaner Strien, Brandt, Gödel, Schäfer, Grundmann.

2. Prämienbücher erhielten beim Schulschlusse zu Weihnachten 4 Primaner: Gödel, Giese (jeder Stolls Anthologie Griech. Lyriker), Grundmann, Donselt (jeder Catull, Tibull, Properz von Haupt); — 4 Secundaner: Büchel, Th. Rambeau (jeder Ciceros Catilinarische Reden von Benecke), Krebs (Nibelungenlied von Zarncke), Liebe (Seyfferts Leseflücke und Ciceros Reden für den Murena und über die Consularprovinzen von Tischer;) — 5 Tertianer: Pörkel, Lamprecht, Vorbeck (jeder den Virgil von Ladewig), Grundmann, Menge (jeder Kohlrausch Abriß der Deutschen Geschichte), Galetschki (Homers Odyssee von Ameis); 4 Quartaner: Schreyer, Linke (Phaedri fabulae), Bithorn (Günther, Geschichte der Meffenischen Kriege), Iders (Günther, Geschichte der Perserkriege); — 4 Quintaner: Pfotenbauer (Herzberg, Feldzug der 10000), Ried (Beckers Erzählungen aus der alten Welt Bd. 3), Schulze (Herzberg, Geschichte der Meffenischen Kriege), Holzhausen (Welter, Lehrbuch der alten Geschichte). — 2 Sertaner: Knothe (Günther, die Perserkriege), Albr. v. König (Beckers Erzählungen aus der alten Welt Bd. 3).

3. Freitische wurden unsern Schülern in dem letzten Halbjahre 150 zu Theil; die Gönner, welche sie ihnen gewährten, sind folgende:

Herr Dr. Becker 2, Hr Brauereibesitzer Beegen 2, Hr Dr. Bernhardt 1, Hr Webermeister Böttger 1, Hr Lehrer Bohne 1, Hr Rechnungsrath Bonsack 3, Hr Destillateur Bourjutschky 4, Hr Oekonomie-Kommissarius Brase 3, Hr Inspector Brecher 1, Hr Prof. Dr. Breitenbach 1, Hr Major v. Brotowski 1, Hr Vermessungs-Revisor Buchholz 2, Hr Registrator Büttner 1, Hr Polamentier Bullus 1, Hr Stadtwachtmeister Dietrich 1, Hr Sanitätsrath Dr. Dolscius 3, Hr Kaufmann Eichler 2, Hr Uhrmacher Engelmann 1, Fräulein Fletter 1, Hr Kaufmann Fischer 1, Hr Diaconus Fuchs 3, Hr Secretair Fuhrmann 4, Hr Kaufmann F. Giese 2, Hr Kaufmann Haberland 1, Hr Mehlhändler Hahn 1, Hr Lederhändler Held 1, Hr Justizrath Hellwig 1, Hr Buchhändler Herrosé 1, Fräul. Hesse 1, Hr Lehrer Hinneberg 1, Frau Amtmann Hofmann 1, Hr Schnittwaarenhändler Holzhausen 1, Hr Conditor Jericke 1, Hr Oberlehrer Käscher 1, Hr Gymnasiallehrer Knappe 2, Hr Stattmühlenpächter Knopf 3, Hr Uhrmacher Krause 3, Herr Mühlenfabrikant Kretzmer 2, Hr Hofrath Kanpisch 1, Hr Kreissecretair Lehmann 1, Hr Lehrer Lehmann 1, Hr Kreisthierarzt Lehnhardt 1, Fr. Bäckermeister Leonhardt 1, Hr Postbaiter Lösche 3, Hr Prof. D. Lommatzsch 2, Hr Amtsrath Lücke 1, Fr. Oberförster Lüdicke 1, Hr Restaurateur Mädert 1, Hr Kaufmann Märker 1, Hr Kreisgerichtsdirector v. Manteuffel 4, Hr Diaconus Mauer 2, Hr Tuchscheermeister Neumann 2, Hr Director Paurelst 1, Hr Lehrer Pflug 1, Hr Revisor Pohle 1, Hr Senator Prädikow 3, Hr Polizei-Expedient Querbow 1, Hr Ballmeister Riemer 1, Hr Kaufmann Riese 2, Jc. v. Rochow 3, Hr Assessor Röttger 1, Hr Justizrath Roskoski 3, Hr Buchdruckereibesitzer Rübener 1, Hr Senator Rübener 1, Hr Ballmeister Sauerland 1, Hr Superintendent Schapper 6, Hr Director Schmitt 3, Fr. Rentant Schmidt 1, Hr Dir. D. Schmieter 1, Hr Kasernen-Inspector Scholz 2, Hr Lehrer Schomburg 1, Hr Archit. M. Seelfisch 3, Hr Brauermeister Seller 1, Hr Schornsteinfegermeister Sichler 2, Fr. Dr. Siebmann 1, Hr Gutsulator Sinz 1, Hr Oustitdirector Stein 2, Hr Bürgermeister Stelnbach 1, Hr Oberlehrer Stier 2, Jr. Oekonomie-Commissarius Stilow 1, Hr Tuchfabrikant Tamm 1, Hr Sanitat Thiele 1, Hr Rechtsanwalt Treff 1, Fr. Kalbin Türcken 2, Hr Wachsfabrikant Ulrich 1, Hr Lehrer Bitz 1, Hr Hausbesitzer Wasserleben 1, Hr Prof. Wensch 3, Hr Dr. Wentrup 2, Fräul. Werner 1.

V.

Die diesmalige Abiturientenprüfung.

Die schriftlichen Arbeiten derselben wurden vom 24. Febr. bis zum 1. März und am 4. März angefertigt. Die Aufgaben waren:

1) für die freie Lateinische Arbeit: De duplici Achillis in Iliade ira.

2) für den Deutschen Aufsatz: Die Bedeutung des Peloponnesischen Krieges nach den Worten des Thucydides: Κίνησις γὰρ αὔτη μεγίστη δὴ τοῖς Ἕλλησιν ἐγένετο καὶ μέρει τινὶ τῶν βαρβάρων, ὡς δὲ εἰπεῖν καὶ ἐπὶ πλεῖστον ἀνθρώπων.

3) für die mathematische Arbeit: a. Von dem Gipfel eines rechten Winkels ist eine den Kreis, dessen Mittelpunkt auf einem der Schenkel sich befindet, schneidende Linie gezogen, und die Durchschnittspunkte sind mit dem entfernteren Endpunkte des Durchmessers verbunden, und diese Linie bis zum anderen Schenkel des rechten Winkels verlängert: alsdann sind die Rechtecke aus den Abschnitten auf den Schenkeln des rechten Winkels zwischen dem Gipfel und den bezüglichen Durchschnittspunkten der Linien und des Kreises gleich. b. Den Abstand zweier Höhenpunkte zu berechnen, welche ein Beobachter von den Zinnen eines kreisförmig gebauten Thurmes unter der scheinbaren Größe $\alpha = 58°10'$ und $\beta = 43°30'$ sieht, wenn seine Standpunkte mit dem Mittelpunkte des Thurmes und den Höhenpunkten in einer Linie liegen, ihre Entfernung $a = 9, 8'$ und der Durchmesser des Thurmes $d = 32, 4'$ ist. c. Der Achsendurchschnitt eines geraden Kegels bildet ein gleichschenklig rechtwinkliges Dreieck, die Mantelfläche desselben ist $= 5, 6$ gegeben; den Unterschied des Inhalts der beiden geraden in den Kegel construirten Cylinder zu bestimmen, von welchen der Achsendurchschnitt des einen ein Quadrat bildet, während die Höhe des anderen zu der des Kegels sich verhält $= 1 : 3$. d. Zwei gleich geschickte Arbeiter belegen einen Saal mit Marmorplatten. Als sie mit einander den achten Theil der Zeit, welche sie darauf zu verwenden gedachten, gearbeitet haben, wird B auf 5 Tage von der Arbeit abgerufen, er arbeitet aber durch Annahme eines Gehülfen täglich alsdann $2\frac{1}{4}$ Kubikfuß mehr zu verarbeiten. Da er jedoch erst nach 9 Tagen an die Arbeit gehen kann, so sieht er sich nach einem geschickten Arbeiter um, mit dem er täglich 14 Kubikfuß vollendet. Hierdurch gelingt es ihm ebensoviel zu Stande zu bringen als A, wieviel Kubikfuß hat der letztere alle Tage Kubikfuß Marmor verarbeitete er täglich?

Es hatten sich zu dieser Prüfung 24 hiesige Primaner gemeldet. Von diesen erkrankte einer noch vor Beginn der schriftlichen Arbeiten. Von den übrigen mußten drei, weil sie sich bei der Anfertigung der mathematischen Arbeit gegenseitig theils hatten helfen lassen theils geholfen hatten, von der weiteren Prüfung ausgeschlossen werden. Von der mündlichen Prüfung konnten mit Rücksicht auf die schriftlichen Prüfungsarbeiten und auf ihre früheren Leistungen entbunden werden: Meusel, Brase, v. Niebuhr, Strien, Schmidt. Die mündliche Prüfung selbst wurde Donnerstag und Freitag den 27. und 28. März unter dem Vorsitz des Königl. Commissarius Herrn D. Schmieder abgehalten und allen 20 das Prädicat der Reife ertheilt. Es sind folgende:

Vor- und Zunamen	Conf.	Alter.	Geburtsort.	Stand des Vaters.	Zeit des Schulaufenthalts im Allg.	Prima	Ober	Studium.	Universität.
1. **Heinrich Meusel**	Ev.	18	Zahna	Fleischermeister in Z.	5	2	1½	Philologie	Halle
2. **Georg Brase**	Ev.	19	Schwerin in Posen	Oekonomie-Commissarius in Witt.	8½	2	1½	Theologie	Halle
3. **Gerhard v. Niebuhr**	Ev.	16½	Berlin	Königl. Cabinetsrath †	4½	2	1½	Jura	Halle
4. **Hermann Hammer**	Ev.	19	Boos bei Wittenberg	Rittergutsbesitzer auf Boos	7	3	1½	Forstfach	
5. **Otto Schwartz**	Ev.	19½	Jüterbog	Lederhändler in Jüterbog	5½	2	1½	Philologie	Halle
6. **Gustav Strien**	Ev.	17	Hettstädt	Oekonomie-Commissarius †	7	2	1½	Theologie	Halle
7. **Albert Schmidt**	Ev.	17½	Wittenberg	Gymnasialdirector in Wittenberg	8½	2	1	Philologie	Berlin
8. **Wilhelm Brandt**	Ev.	18½	St. Zinna	Cantor u. Organist in Zinna	8	2	½	Philologie	Berlin
9. **Ernst zur Lippe-Biesterfeld**	Ev.	19½	Obercassel bei Bonn	Graf u. Edler auf Neudorf bei Bentschen in Posen	4½	2	½	Jura und Cameralia	Halle
10. **Adolf Gödel**	Ev.	19	Schmiedeberg in der Prov. Sachs.	Actuar in Wittenberg	6½	2	½	Philologie	Halle
11. **Eugen Rambeau**	Ev.	19½	Jessen	Kreisgerichts-Secretair in W.	7	2	½	Mathematik u. Naturw.	Halle
12. **Oscar Giese**	Ev.	18	Wittenberg	Kaufmann in W.	8½	2	½	Philologie	Halle
13. **Otto Richter**	Ev.	22½	Pretzsch	Lehrer am Militär-Waisenhause in P.	3½	2	½	Theologie	Halle
14. **Karl Wahn**	Ev.	20½	Jüterbog	Schönfärbereibesitzer in J.	6½	2½	½	Theologie	Halle
15. **Johannes Buch**	Ev.	21	Prettin	Superintendent und Oberpfarrer in Pr. †	7½ (4 J. i. Pforta 3½ hier)	2½	½	Medizin	Marburg
16. **Paul Treff**	Ev.	18½	Wittenberg	Rechtsanwalt und Notar in W.	9	2	½	Theologie	Heidelberg
17. **Oscar Donfelt**	Ev.	19½	Wittenberg	Kaufmann	9	2	½	Philologie	Halle
18. **Eduard Friedrich**	Ev.	18½	Alt-Jeßnitz	Förster in Alt-J.	6	2	½	Medizin	Berlin
19. **Ludwig Schede**	Ev.	20	Greifswald	Geheimer Rath in Berlin	7 (3½ J. hier, vorher in Berlin u. Coblenz	2½	½	Militair	
20. **Alexander Gürtler**	Ev.	18½	Prenzlau	Post-Secretair zu Wittenberg	10 J. (5½ hier vorh. in Greifswald u. Prenzlau	2	½	Medizin	Berlin

Von den Genannten haben folgende ihren auf die alten Sprachen verwendeten Fleiß durch umfangreiche Privatarbeiten bezeugt:
1) Heinrich Meusel: Ciceronis vita ex epistolis ejus narrata.
2) Georg Brase: Achilles et Hector inter se comparati.
3) Gerhard v. Niebuhr: Bella Persica Herodoto, Aeschylo, Thucydide, Plutarcho, Nepote ducibus narrata.
4) Gustav Strien: Mythologia Sophoclea.
5) Albert Schmidt: Sophoclis sententiae communes in certum quendam ordinem redactae et explicatae.
6) Wilhelm Brandt: Graeci Homerici.
7) Adolf Göbel: De diis Romanorum Consentibus.
8) Oskar Giese: Exitiabilis Junonis ira ex Iliade et Aeneide demonstrata.
9) Otto Richter: Die Ilias und das Nibelungenlied.

VI.

Anordnung der diesjährigen öffentlichen Prüfung.

Mittwoch den 9. April
Vormittags von 9 Uhr an.
Choral: Dein ist auch meine Jugendzeit.
Sechste Classe: Latein . . . . Cand. Spangenberg.
Fünfte Classe: Geographie . . . . Dr. Trautmann.
Vierte Classe: Latein . . . . St. Knappe.
Dritte Classe b: Latein . . . . Dr. Wentrup.
Dritte Classe a: Naturgeschichte . . . . . Adj. Müller.

Donnerstag den 10. April
Vormittags von 9 Uhr an.
Choral: Aus deiner milden Segenshand.
Zweite Classe b: Geschichte . . . . Dr. Wentrup.
Zweite Classe b: Latein . . . . Oberl. Stier.
Zweite Classe a: Griechisch . . . . Dr. Becker.
Erste Classe: Mathematische Geographie . . Dr. Bernhardi.
Erste Classe: Griechisch . . . . Dir. Schmidt.

Im Nachmittage desselben Tages 3 Uhr findet die feierliche Entlassung der diesmaligen Abiturienten Statt, für welche ein besonderes Programm das Nähere geben wird.

VII.

Schlußbemerkung.

Da von Ostern d. J. an auch in Serta, Quinta und Quarta, statt der bisherigen halbjährigen, jährige Curse für die einzelnen Unterrichtsgegenstände eingeführt werden sollen, so folgt daraus, daß künftig 1) nur zu Ostern von einer Classe des Gymnasiums in die andere versetzt werden wird; 2) zu Michaelis nur solche Schüler in eine von jenen drei untern Classen aufgenommen werden können, welche für die obere Abtheilung derselben reif sind. Während daher Ostern nach wie vor zur Aufnahme in Serta keine Vorkenntnisse im Lateinischen, zur Aufnahme in Quinta keine im Französischen, zur Aufnahme in Quarta keine im Griechischen erforderlich sind, müssen die zu Michaelis Aufzunehmenden mit den Anfangsgründen dieser Sprachen so weit vertraut sein, um in Serta im Lateinischen, in Quinta im Französischen, in Quarta im Griechischen mit denjenigen Schülern fortzukommen, welche schon ein halbes Jahr hindurch in diesen Sprachen unterrichtet sind.

Das gegenwärtige Schuljahr wird Freitag den 11. April Morgens 7 Uhr geschlossen, das neue beginnt Dienstag den 29. April. Die schriftliche Prüfung der neu aufzunehmenden Schüler findet Freitag den 25., die mündliche Sonnabend den 26. April, beide Male Morgens 8 Uhr Statt.

Dr. H. Schmidt.